Dr. Joseph Murphy

Positiv leben ohne Stress

Das Buch Hiob interpretiert für unsere Zeit

Aus dem Amerikanischen übertragen von Susanne Kahn-Ackermann

Goldmann Verlag

Originalverlag: De Vorss & Company, Marina del Rey, Kalifornien
Originaltitel: Living Without Strain

Die Übersetzung stützt sich auf: Die Bibel, Altes und Neues Testament. Einheitsübersetzung. 1980, Katholische Bibelanstalt Stuttgart; in einzelnen (vermerkten) Fällen auf: Die Bibel oder die ganze Heilige Schrift des Alten und Neuen Testaments, nach der deutschen Übersetzung D. Martin Luthers. 1950, Evangelische Verlagsanstalt Berlin.

Der Goldmann Verlag
ist ein Unternehmen der Verlagsgruppe Bertelsmann

1. Auflage 1990
Exklusive Lizenzausgabe für Wilhelm Goldmann Verlag, München

Printed in Germany · ISBN 3-442-30557-8

Dr. Joseph Murphy · Positiv leben ohne Stress

Inhalt

Einführung

Das Buch Hiob* ist eines der wichtigsten und tiefgründigsten Bücher der Bibel. Viele Jahrhunderte lang war es Gegenstand theologischer und philosophischer Auseinandersetzungen. Sein zentrales Thema ist das menschliche Leiden, dargestellt am Beispiel der Geschichte eines gerechten und untadeligen Mannes, dem, scheinbar ohne eigenes Verschulden, schreckliches Unheil widerfährt, und der sich schließlich von allen seinen Verlusten erholt und Glück, Wohlergehen und inneren Frieden erfährt. Seine erhabene Großartigkeit, spirituellen Einsichten, Bildkraft und Schönheit der Symbolik lassen dieses Buch immer wieder zu einer Quelle von Inspiration werden; es schlägt in der Seele Saiten an und spielt auf ihnen das uralte Lied vom Triumph und Sieg und inneren Kraft. Seine Wahrheiten sind heiliger Zufluchtsort für viele, die Führung und Erhellung suchen; ein Tempel Des Einen, Der Ewig Ist, erbaut aus der Schatzkammer des Lichts.

Das Buch gliedert sich in fünf Teile (nicht gesondert ausgewiesen):

- Der Beginn der in Prosa gehaltenen Rahmenerzählung (1,1–2,10).

---

* Abgesehen von den Bibelzitaten, wird im Text fortlaufend anstatt *Ijob* der geläufigere Name *Hiob* verwendet; Anm. d. Red.

- Die Streitreden zwischen Hiob und seinen Freunden (2,11–31,40).
- Die Reden Elias'* (32,1–37,24).
- Die Antwort Gottes aus dem Wettersturm und kurze Antworten Hiobs (38,1–41,26).
- Das Ende der Rahmenerzählung (42,7–17).

Das Buch weist zwei verschiedene literarische Gattungen auf – erzählende Prosa und didaktische Epik. Vom Inhalt her stellt es im wesentlichen eine tiefgründige psychologische Auseinandersetzung mit dem Geheimnis der Existenz dar. Es ist nicht bekannt, wer das Buch Hiob geschrieben hat, von Fachleuten wird es aber einer Reihe von Weisheitsbüchern zugeordnet. Das Hiob-Drama geht auf Legenden zurück, stellt aber im Grunde die Geschichte eines jeden Menschen dar. Aus spiritueller Sicht sind Sie selbst Hiob, wenn Sie aus dem Nebel treten, durch ein inneres Licht erneuert werden und allmählich spüren, daß Gott durch Sie zur Offenbarung drängt, daß aus Not und Leid beseligende Gottesschau wird.

---

* In den Bibelzitaten *Elihu*, sonst Elias.

I

Das Buch Hiob

KOMMENTARE ZU KAPITEL EINS

---

(1) *Im Lande Uz lebte ein Mann mit Namen Ijob. Dieser Mann war untadelig und rechtschaffen; er fürchtete Gott und mied das Böse.* (2) *Sieben Söhne und drei Töchter wurden ihm geboren.* (3) *Er besaß siebentausend Stück Kleinvieh, dreitausend Kamele, fünfhundert Joch Rinder und fünfhundert Esel, dazu zahlreiches Gesinde. An Ansehen übertraf dieser Mann alle Bewohner des Ostens.* (4) *Reihum hielten seine Söhne ein Gastmahl, ein jeder an seinem Tage in seinem Haus. Dann schickten sie hin und luden ihre Schwestern ein, mit ihnen zu essen und zu trinken.* (5) *Wenn die Tage des Gastmahls vorbei waren, schickte Ijob hin und entsühnte sie. Früh am Morgen stand er auf und brachte so viele Brandopfer dar, wie er Kinder hatte. Denn Ijob sagte: Vielleicht haben meine Kinder gesündigt und Gott gelästert in ihrem Herzen. So tat Ijob jedesmal.* (6) *Nun geschah es eines Tages, da kamen die Gottessöhne, um vor den Herrn hinzutreten; unter ihnen kam auch der Satan ...**

---

* Aus: Die Bibel, Altes und Neues Testament. Einheitsübersetzung. 1980, Katholische Bibelanstalt GmbH, Stuttgart; Verlag Herder, Freiburg im Breisgau.

Der erste Vers bedeutet, daß wir alle in diese Welt *Uz* hineingeboren werden, das heißt, in einen bedingten Zustand. Wir werden in all das hineingeboren, was unsere Welt ausmacht, werden durch Erziehung, die jeweiligen Umweltbedingungen und das kollektive Bewußtsein der Menschheit konditioniert. Jedes Individuum repräsentiert im Grunde eine Gruppe von Überzeugungen, Meinungen und Vorstellungen, die sein wahres Wesen umkleiden. Das Wort *Mensch* kommt aus dem Sanskrit und bedeutet »der Messende«. Somit ist der Mensch eine geistige Kraft, die alle Dinge mißt. Sie befinden sich im Lande Uz, in einer konditionierten Welt oder in einem Zustand der Begrenzung, des Zwangs und der Einschränkung, bis Sie zu Ihren inneren Potentialen erwachen. Jedes auf der Welt geborene Kind ist Das Unendliche Eine, das die Gestalt dieses Kindes annimmt.

Sie kommen in diese Welt um der freudigen Selbstentdeckung willen. Wenn Ihre inneren Kräfte ganz automatisch funktionierten, würden Sie sich niemals selbst entdecken. Es ist Ihnen möglich, Ihre Lebenskräfte sowohl positiv wie auch negativ einzusetzen, sonst könnten Sie nicht wachsen, sich entfalten oder ein Gesetz aus diesen Lebenskräften ableiten. Wir alle bleiben solange in der Knechtschaft der uns tradierten Vorstellungen, unserer frühen religiösen Konditionierung und dogmatischen Überzeugungen, bis wir die schöpferischen Fähigkeiten unseres Geistes erkennen und lernen, Umstände und Bedingungen zu verändern und unsere tiefen Wünsche zur Erfüllung zu bringen. Sobald Sie die geistigen und spirituellen Lebensgesetze erkannt haben, werden Sie das Joch der Knechtschaft abwerfen und sich nicht länger dem hypnotischen Bann der Welt der Meinungen und falschen Überzeugungen unterwerfen.

Wollen Sie Ihre höheren Kräfte erwecken, so müssen Sie aufhören, ein Kind zu sein, und die infantile Identifikation mit Ihrem körperlichen Selbst durchbrechen. Sie müssen beweisen, daß Sie nicht reiner Leib sind, sondern über das Leibliche eben nur wirken und tätig sind. Alle Ihre Gedanken, Gefühle, Emotionen, Phantasien und Träume sind unsichtbar. Ich kann weder Ihr geistiges und seelisches Bewußtsein, noch Ihren Glauben, Ihre Hoffnung, Ihr Vertrauen, Ihre Liebe, Freude, Zuneigung, Überlegungen, Wünsche, Sehnsüchte, Aversionen, Vorlieben oder Abneigungen sehen – sie alle sind an sich unsichtbar. Aber sie machen Ihre Person aus! Sie selbst sind sehr viel mehr als Ihr Körper, und Ihr Körper ist schlicht Ihr Geist in Verdichtung oder Manifestation.

In Vers Eins heißt es: »Dieser Mann war untadelig und rechtschaffen; er fürchtete Gott und mied das Böse.« Ein in Liebe geborenes Kind ist normalerweise frei von Furcht, Krankheit und Verformungen jedwelcher Art. *Gott hat uns nicht den Geist der Furcht gegeben, sondern den der Kraft und der Liebe, und den eines gesunden geistigen und seelischen Bewußtseins.* In jungen Jahren verfügten Sie über eine wunderbare Gesundheit, sprudelten über vor Energie, Freude, Enthusiasmus und Vitalität. Sie wußten nichts von Krieg, Verbrechen, Krankheit, Unmenschlichkeit oder von sich bekämpfenden religiösen

Lehren oder dem Labyrinth religiöser Dogmen und der abergläubischen Furcht der Masse. Als Sie in der Wiege lagen, waren Sie unschuldig und in Ihren Vorstellungen spielten Sie mit Engeln.

Vers Zwei. Ihre *sieben Söhne*, das meint Sehen, Fühlen, Schmecken, Hören, Riechen, Denken und Begreifen und Reproduktion. In jungen Jahren gebrauchten wir unsere Fähigkeiten ganz natürlich positiv, aktiv und meist mit guten Erfahrungen. Sobald sie aber eine passive Qualität annahmen und negativen äußeren Einflüssen und falschen Vorstellungen ausgesetzt waren, wurden sie, symbolisch gesehen, zu *sieben Töchtern*. (*Moses begegnet in Ägypten sieben Töchtern*. Exodus 2,16).

Die in Vers Zwei erwähnten *drei Töchter* existieren in uns allen. Hier handelt es sich um die Dreieinigkeit oder unsere innere schöpferische Fähigkeit, unsere Gedanken und Ideen in Formen, Erfahrungen und Ereignissen auszudrücken, ihnen Gestalt zu geben. Trinitätsdoktrinen gab es schon lange vor dem Christentum. Eine Dreieinigkeit oder Dreifaltigkeit Gottes wurde schon im alten Indien, Babylonien, China, Ägypten und in allen Ländern der nördlichen Breitengrade gelehrt. In China drückte man diese Dreieinigkeit symbolisch durch Vater, Mutter und Kind, oder Gedanke, Gefühl und Manifestation aus. Zwei Dinge sind zur Erzeugung eines dritten notwendig – der klare und bestimmte Gedanke verbindet, vereint sich mit der Wärme des Gefühls zu einer dritten Ausdrucksform, zur Antwort auf Ihr Gebet.

Den Schriften der alten Hebräer liegt ein System numerischer Symbolik zugrunde, wonach wir, wenn wir sieben und drei zusammenzählen, zehn erhalten, und dieses symbolisiert den in unserem Leben wirkenden Gott. 0 steht für das Weibliche und 1 für das Männliche. In einfachen Worten: Das Buch Hiob erzählt uns vom Zusammenwirken des männlichen und weiblichen Prinzips in uns, vom Zusammenspiel von bewußtem und unbewußtem Geist. Im Hebräischen ist jedem Buchstaben ein numerischer Wert zugeordnet, und wenn wir die numerischen Werte der hebräischen Buchstaben des Namens Ijob *(englisch: Job)* zusammenzählen, erhalten wir zehn oder den vollständigen Menschen.

$$\frac{\text{J O B}}{1 \; 7 \; 2} = 10$$

Das Unbewußte könnte man als die Ehefrau (Mutter) und den bewußten Verstand als den Ehemann (Vater) bezeichnen. Und der Körper ist das Instrument, dessen sich unser Geist bedient. Bewußter und unbewußter Geist* agieren stets in Wechselwirkung, und aus dieser Verbindung entstehen alle Erfahrungen, Bedingungen und Umstände, seien sie nun positiv oder negativ. Die harmonische Wechselbeziehung dieser beiden Aspekte Ihres Geistes bewirkt Gesundheit, Erfolg und ein Leben in Freude. Ihre Gedanken, Ideen, Pläne, Vorstellungen

---

* Siehe auch Dr. Joseph Murphy, *Miracles of Your Mind*, Kapitel Eins (Deutsch: Das Wunder Ihres Geistes, Goldmann Tb. 11 739).

oder Absichten stehen für das männliche Element in Ihnen; Ihre Emotionen, Ihr Glauben und Ihre Empfänglichkeit für den weiblichen Aspekt. In uns allen gibt es männliche und weibliche Anteile, und nur aus diesem Grund sind wir wahrhaft schöpferisch und haben die Kraft, das aus unserer Tiefe hervorzubringen, was wir innerlich als wahr empfinden. Wenn sich in Ihnen Gedanke und Gefühl verbinden und eins werden, dann ist es Gott, der hier wirkt, denn Ihre Göttliche Schöpferische Kraft tut sich nun als Führung, Heilung und als Ihr wahrer Lebenssinn kund.

In der Welt existiert eine einzige Schöpferische Kraft, und diese Schöpferische Kraft und Macht ist Gott. Wenn Sie die Kraft Ihres Denkens und Fühlens entdekken, dann haben Sie die Kraft und Macht Gottes in sich selbst entdeckt. Alle Prüfungen, Widrigkeiten, Leiden und Nöte unseres neurotischen Zeitalters sind auf die unharmonische Wechselwirkung zwischen Bewußtem und Unbewußtem in Mann und Frau zurückzuführen. Wenn Sie die richtigen Vorstellungen und Gedanken in Ihrem Bewußtsein installieren, dann werden diese die richtigen Gefühle erzeugen, und Geist und Herz, oder männliches und weibliches Prinzip, werden in Eintracht und Einheit zusammenarbeiten. Sind unsere Gedanken aber negativ, dann werden es auch unsere Gefühle sein, denn Gefühle und Emotionen folgen dem Denken. Sind unsere Gedanken angsterfüllt, bösartig oder zerstörerisch, werden mächtige negative Emotionen erzeugt, die sich in den Schlupfwinkeln unseres Unbewußten einnisten, sich hier »verdichten« und, da angestaute Emotionen nun mal ein Ventil brauchen, über Krankheiten und alle möglichen destruktiven geistigen Verirrungen Ausdruck finden.

Die Verse Fünf, Sechs und Sieben: Wenn Sie am Morgen aufstehen, sollten Sie als erstes mit Gott in Verbindung treten und seinen Segen und seine Inspiration auf alle Ihre Unternehmungen des Tages herabrufen. Setzen Sie in Ihrem Leben Gott an die erste Stelle. Die in Vers Fünf erwähnten *Söhne* sind die Ideen, Gedanken, Pläne, Vorstellungen des Geistes; sie müssen »entsühnt« werden, und zwar indem Sie darauf achten, daß alle Ihre Gedanken, Ideen und Absichten der göttlichen Norm aller Dinge, dem, was wahr, edel, schön und zuträglich ist, entsprechen. (*Was immer wahrhaft, edel, recht, was lauter, liebenswert, ansprechend ist, was Tugend heißt und lobenswert ist, darauf seid bedacht.* Philipper 4,8) Verurteilen Sie sich nicht, wenn Ihre *Söhne* (Gedanken) zuweilen negativ sind, sondern erfüllen Sie Ihr Bewußtsein mit den ewigen Wahrheiten Gottes und laden Sie Ihre »Batterien« spirituell wieder auf. Depressive Gefühle könnten auf den Einfluß des riesigen psychischen Meeres, in dem wir alle leben, zurückzuführen sein: Gefühle der Furcht, des Hasses, der Eifersucht, des Neids und Zweifels existieren im kollektiven Geist der Menschheit; diese negativen Schwingungen können in unachtsamen Momenten in uns eindringen, und wir fühlen uns niedergeschlagen, bedrückt und traurig. Die negative geistige und emotionale Atmosphäre eines Ortes kann unseren Geist durchdringen, unsere Stimmung drücken, unseren Enthusiasmus dämpfen und unseren Elan bremsen. Wenden Sie sich nach innen, wenn das geschieht, vertreiben Sie mit dem Schwert der Wahrheit und des spirituellen Verstehens die dunklen und falschen Gedanken und bekräftigen Sie Ihr Vertrauen, Ihren Glauben und Ihre Zuversicht in die Liebe und Güte Gottes.

Vers Sechs. Die *Gottessöhne* stehen für die guten, konstruktiven Gedanken, die aus der Tiefe Ihres Innern als Inspiration und heiliges Verlangen emporsteigen. *Satan* steht für Opposition oder Ihren Feind.

Hier wird Ihnen gesagt, daß die Feinde Ihrem eigenen Haus oder Bewußtsein zugehören. Sie müssen in Ihrem Innern nach dem Bösen oder negativen Denken suchen. Der fiktive Dialog zwischen dem *Herrn* und *Satan* in Vers Sieben steht lediglich für den Argumentationsprozeß oder die spirituelle Gedankenbewegung, die in Ihnen abläuft und in deren Verlauf Sie Ihre widerstreitenden Gedanken verbannen und Ihr Ideal akzeptieren.

Der *Herr* ist Ihr dominierendes Verlangen, der vorrangige Gedanke in Ihnen – vielleicht der Wunsch nach Gesundheit, nach dem richtigen Platz im Leben oder nach Führung. Sie wissen, daß Ihre Gedanken immer paarig auftreten. Sie wünschen sich Gesundheit, eine bejahende und positive Vorstellung, aber sofort taucht in Anfechtung eine widerstreitende oder negative Vorstellung auf. Sie ersehnen Reichtum, und ein opponierender Gedanke erinnert Sie vielleicht daran, daß Sie pleite sind, alles verloren ist und es keinen Ausweg gibt. Ein Teufel, der sich auf der Erde herumtreibt und uns negative Gedanken einpflanzt, existiert nicht, aber für jedes Ja gibt es ein Nein. Der sogenannte Teufel ist der Glaube an eine fiktive Kraft oder Macht in Gegnerschaft zu Gott; er erschafft einen Konflikt im Geist und bewirkt einen ambivalenten oder instabilen Zustand. Der Feind, Zerstörer, Widersacher oder Teufel ist ein Glaube an Mangel, Begrenzung, Versagen, Krankheit; Andeutungen von Ohnmacht und Unzulänglichkeit, die sich in Ihren Geist und Ihr Gemüt einschleichen. Die Sie beherrschenden und plagenden Teufel* sind Ihre Haßgefühle, Ihre Eifersucht, Ängste, Befürchtungen und Spannungen.

Das Wort *Satan* bedeutet irren, fehlgehen, sich von Gott, Der Wahrheit und vom Glauben an Die Eine Kraft und Macht abwenden. *Satan* meint auch den kollektiven Geist der Menschheit, den Geist der irdischen Welt, der auf uns alle einwirkt, uns mit seinem hypnotischen Bann des Mangels, Elends und der Begrenzung belegt. *Satan* ist ein Nichts, das versucht zu sein. Sie widerstehen *Satan*, wenn Sie entschieden und mit Stumpf und Stiel den Gedanken in sich ausrotten, daß Sie nichts erreichen oder keinen Erfolg haben können. Sie müssen sich entschieden weigern, Ängste und Zweifel in Geist und

---

* Siehe Dr. Joseph Murphy, *How to Use Your Healing Power*, Kapitel Eins.

Gemüt zuzulassen, denn es sind Lügen über die Allmacht oder Gott, die in Ihnen sind. Der Gedanke des Versagens oder Scheiterns ist ein Trugbild von Macht; ein solcher Gedanke hat keine Macht.

(7) *Der Herr sprach zum Satan. Woher kommst du? Der Satan antwortete dem Herrn und sprach: Die Erde habe ich durchstreift, hin und her.*

Vers Sieben besagt, daß *Satan* ein Mythos ist, denn ein solches Wesen, das die Erde durchstreift, hin und her, gibt es nicht. Ein alter Bekannter von mir setzte ganz selbstverständlich Vertrauen in seinen Partner; wie sich herausstellte, war dieser ein Betrüger, der das in ihn gesetzte Vertrauen mißbrauchte, er räumte das Bankkonto leer und verschwand mit dem gesamten Geld. Mein Freund war stark versucht, diesen Mann zu hassen und ihm alles Böse zu wünschen. Er erzählte mir: »Ich habe mich dieses Mannes angenommen, ihn als Freund akzeptiert, gab ihm fünfzig Prozent Anteil am Geschäft ohne finanzielles Eigeninteresse.« Er wurde allmählich sehr verbittert, bis ich ihn auf die Gefahren und katastrophalen Konsequenzen seiner zerstörerischen Emotionen von Wut, Haß und Feindseligkeit hinwies. Plötzlich und unmittelbar wurde ihm klar, daß der Feind (Teufel) nicht eine andere Person war, sondern ein haßvoller Gedanke seiner eigenen Wahl, der ihn schließlich physisch und geistig zerstören würde. Er widerstand nun der Versuchung, an den anderen böse und destruktiv zu denken, und begann den Einfluß des Heiligen Geistes in sein Leben zu rufen, indem er systematisch und regelmäßig nach Gottes Führung und Seiner Liebe verlangte. Er änderte seine Gedanken und brachte sie mit dem Göttlichen Gesetz der Liebe und des Guten Willens in Einklang. Er betete für seinen Ex-Partner und segnete ihn, da dieser irgendwohin ins Ausland verschwunden und nicht wieder aufzufinden war. Jedesmal, wenn er an ihn dachte, sagte er: »Gott sei mit dir.« Schließlich war er imstande, seinen ehemaligen Partner im Geiste zu treffen und ihm eine Welle von Gottes Frieden zu senden. Der Härtetest des Vergebenkönnens ist die Frage, die man an sich selbst zu stellen hat: »Wie begegne ich Johannes oder Maria in meinem Geist?« Strahle ich guten Willen und Gottes Segen aus? Strömt eine Welle des Friedens oder der inneren Segnung aus meinem Herzen zu ihnen? Ist es so, dann können Sie sicher sein, sowohl Ihr Bewußtsein als auch Ihr Unbewußtes gereinigt zu haben.

(8) *Der Herr sprach zum Satan: Hast du auf meinen Knecht Ijob geachtet? Seinesgleichen gibt es nicht auf der Erde; so untadelig und rechtschaffen, er fürchtet Gott und meidet das Böse.* (9) *Der Satan antwortete dem Herrn und sagte: Geschieht es ohne Grund, daß Ijob Gott fürchtet?* (10) *Bist du es nicht, der ihn, sein Haus und alles das seine ringsum beschützt? Das Tun seiner Hände hast du gesegnet; sein Besitz hat sich weit ausgebreitet im Land.* (11) *Aber streck nur deine Hand gegen ihn aus, und rühr an all das, was sein ist; wahrhaftig, er wird dir ins Angesicht fluchen.*

Hier wird *Satan* gezeigt, wie er dem Herrn antwortet: »Oh ja, Hiob ist dir (dem Herrn) treu, solange alles gutgeht. Aber laß irgendein Unglück geschehen, und er wird deiner fluchen.«

Diese Klage Hiobs ist die Klage jedes Menschen auf Erden. Das, was ich bin, und das, was ich sein will, liegt stets im inneren Widerstreit, und der Mensch kann dieses Problem nur durch spirituell bewußtes Sein lösen.

Es gibt ein inneres Verlangen nach Wachstum, Entfaltung, Erfolg, Erfüllung, Weiterentwicklung. In allen von uns steckt der Göttliche oder Kosmische Drang, unsere gottgegebenen Kräfte und Eigenschaften freizusetzen und uns wachsenden Herausforderungen zu stellen. Doch die äußeren Umstände und Bedingungen, die Meinung der anderen und unsere eigenen ängstigenden Gedanken behindern unser Vorankommen, scheinen die Verwirklichung unserer Wünsche zu verhindern.

Ein Mensch will geheilt werden, aber man sagt ihm, daß er nicht zu heilen, sein Zustand hoffnungslos sei. Er hört sich die Meinungen der Freunde an und läßt sich von den von ihnen aufgerichteten, gewaltigen Barrieren beeindrucken. Schließlich ergibt er sich in Hoffnungslosigkeit und Verzweiflung. Dies ist der ewige Widerspruch zwischen dem niederen und dem höheren Selbst des Menschen, zwischen Verlangen und Ideal, den materiellen Tatsachen des Lebens, den kollektiven Überzeugungen und Ihren spirituellen Bestrebungen und Impulsen.

Ihr persönlicher Herr ist der in Ihnen vorherrschende Gedanke oder Wunsch, das, was Ihre Aufmerksamkeit ganz und gar beansprucht, was Sie am meisten interessiert und somit auch Ihre Gedanken und Emotionen dominiert. Wenn Sie krank sind, dann stehen nicht Ihre Symptome, Schmerzen und Leiden im Mittelpunkt Ihrer Aufmerksamkeit, sondern Sie konzentrieren sich auf Ihre Innere Heilende Kraft, im Wissen, daß Ihr ganzer Körper durch Ihr Heilendes Licht verwandelt wird. Sie fühlen und wissen, daß Sie, wenn Sie diese Kraft anrufen, eine Antwort erhalten, nämlich vollkommene Gesundheit und Harmonie. Konzentrieren Sie Ihre Aufmerksamkeit auf Gott und Seine Heilenden Strahlen, dann leben Sie in der Gegenwart Ihres Herrn.

Satan (negative Gedanken) fordert Sie heraus, wenn Sie um Heilung beten – das heißt, Ängste, Zweifel, Befürchtungen steigen in Ihnen auf und versuchen, Sie vom Glauben an die Kraft und Macht Gottes abzubringen. In Ihnen wird das kollektive menschliche Bewußtsein laut, das vielleicht über Sie spottet, Sie auslacht und sagt: »Es ist unmöglich.« »Jetzt ist es zu spät.« »Es ist schon zu weit fortgeschritten.« »Es ist hoffnungslos.« Wann immer sich in Ihnen ein solcher Streit erhebt oder wann immer Sie unter Einschränkungen, einem Mangel oder dem Gefühl von negativem Gebundensein leiden, haben Sie Satan oder den sogenannten Teufel an Ihrer Seite.

Dr. Phineas Parkhurst Quimby, der Vorreiter oder Vater des geistigen oder spirituellen Heilens in den USA, bediente sich bei vielen seiner Patienten der heute so populären argumentativen Heilmethode. Quimby pflegte dem Hilfesuchenden zu sagen: »Übergib mir deinen Fall, und ich werde vor dem Großen Tribunal für dich plädieren und beweisen, daß du unschuldig bist.« Damit erzielte er erstaunliche Resultate. Das Krankheitsproblem löste sich in der Erkenntnis auf, daß die Krankheit auf einer falschen Vorstellung basierte, auf einem verzerrten Muster oder einer dem Geist übermittelten falschen Richtung, der aber das ihm vermittelte Bild annahm und entsprechend tätig wurde. Quimby bemühte sich darum, seine Patienten davon zu überzeugen, daß Gedanken Dinge und Der Innere Geist Gott sei. Er zeigte, daß Angst und Krankheit nicht gottgewollt, sondern auf negatives Denken zurückzuführen sind; daß sich negative Gedanken materialisieren und zu einem Tumor, zur Tuberkulose usw. im Körper auswachsen können. Er überzeugte die Ratsuchenden, daß ihre Ängste grundlos sind, da es keine äußere Macht gibt, keine wahre Macht außer Gott; daß Gott nicht krank, frustriert oder unglücklich sein kann, daß die Krankheit, das Problem, die Schwierigkeit Satan genannt werden, weil sie die für unsere Entfaltung unerläßlichen wahren spirituellen Werte leugnen. Hinter unserem negativen Gedanken steht kein Prinzip, keine Macht oder Kraft an sich, nichts, das ihn stützt; er ist ein Schatten des Geistes, der nur die positiven Werte in uns leugnet.

Quimby lehrte seine Patienten, alle Macht Gott und Seiner Heilenden Gegenwart zu übergeben. Seine Methode bestand darin, seine Patienten in ihrer Göttlichen Vollkommenheit zu sehen und ihren Geist wieder am

Göttlichen Urbild von Harmonie, Gesundheit und Frieden auszurichten, und sie hatte bemerkenswerte Heilungen zur Folge. Sie können Satan überwinden, wenn Sie sich von der augenscheinlichen Evidenz der Welt und der Sinne abkehren und sich geistig in die Gegenwart der Weisheit und Kraft des Allmächtigen begeben.

Schenken Sie Ihre Aufmerksamkeit Gott und Seiner Liebe, und denken Sie daran, daß immer dort, wo Ihre Aufmerksamkeit ist, sich die Schöpferische Kraft Gottes für Sie bewegt.

Dies war das Geheimnis von Quimbys bemerkenswerten Heilungen, und derselbe Prozeß wird Ihnen zahllose Segnungen bringen.

(15) *Da fielen Sabäer ein, nahmen sie weg und erschlugen die Knechte mit scharfem Schwert. Ich ganz allein bin entronnen, um es dir zu berichten.* (16) *Noch ist dieser am Reden, da kommt schon ein anderer und sagt: Feuer Gottes fiel vom Himmel, schlug brennend ein in die Schafe und Knechte und verzehrte sie. Ich ganz allein bin entronnen, um es dir zu berichten.* (17) *Noch ist dieser am Reden, da kommt schon ein anderer und sagt: Die Chaldäer stellten drei Rotten auf, fielen über die Kamele her, nahmen sie weg und erschlugen die Knechte mit scharfem Schwert. Ich ganz allein bin entronnen, um es dir zu berichten.*

Wird in diesen und anderen Versen von Kapitel Eins von Sabäern, Chaldäern usw. gesprochen, dann stehen diese für Gedanken der Begrenztheit und Einschränkung, der Unmäßigkeit und Unbeherrschtheit, des Glaubens an die Macht der Sterne, der sklavischen Bindung an die Vergangenheit (etwa an eine karmische

Bindung) – Gedanken, die Hiob in den Sinn kamen und ihn plagten.

(21) *Dann sagte er: Nackt kam ich hervor aus dem Schoß meiner Mutter; nackt kehre ich dahin zurück. Der Herr hat gegeben, der Herr hat genommen; gelobt sei der Name des Herrn.*

Hier geht es um das Gesetz von Ursache und Wirkung, das nicht individueller Natur ist. Gleichermaßen umfassend wird es Krankheit oder Gesundheit, Friede oder Schmerz, Leid oder Freude, Armut oder Überfluß, Erfolg oder Scheitern bewirken. *Ich erschaffe das Licht und mache das Dunkel; ich bewirke das Heil und erschaffe das Unheil. Ich bin der Herr, der das alles vollbringt.* Jesaja 45,7.

Sie müssen erkennen, daß *Herr* und *Gesetz* austauschbar sind. Nicht ein Gott der Liebe erschafft das Böse oder einen Teufel. Die Antwort ist, daß *Das Gesetz* (Herr) die Gedanken des Menschen automatisch zur Manifestation bringt. Denke Böses und Böses folgt; denke Gutes und Gutes folgt. Geist und Gemüt sind wie Wasser, das sich der Form des Gefäßes anpaßt, in das es gegossen wird. Das Gefäß steht für Ihre Denkmuster und geistigen Bilder, durch die die Schöpferische Kraft fließt und zum erlebten Geschehen wird. Ihr tieferes Bewußtsein, das sogenannte Unbewußte, ist es, das die Muster Ihrer Gedanken zu Situationen und Erfahrungen webt. Nähren Sie Geist und Gemüt mit Gedanken, die wahr, edel und im Sinne Gottes sind, und Sie werden feststellen, daß Ihr Unbewußtes Ihr bester Freund ist und für Schönheit und Herrlichkeit Ihrer äußeren Welt sorgt.

2

Das Buch Hiob

KOMMENTARE ZU KAPITEL ZWEI

(3) *Der Herr sprach zum Satan: Hast du auf meinen Knecht Ijob geachtet? Seinesgleichen gibt es nicht auf der Erde, so untadelig und rechtschaffen; er fürchtet Gott und meidet das Böse. Noch immer hält er fest an seiner Frömmigkeit, obwohl du mich gegen ihn aufgereizt hast, ihn ohne Grund zu verderben.* (4) *Der Satan antwortete dem Herrn und sagte: Haut um Haut! Alles, was der Mensch besitzt, gibt er hin für sein Leben.* (5) *Doch streck deine Hand aus, und rühr an sein Gebein und Fleisch; wahrhaftig, er wird dir ins Angesicht fluchen.* (6) *Da sprach der Herr zum Satan: Gut, er ist in deiner Hand. Nur schone sein Leben!* (7) *Der Satan ging weg vom Angesicht Gottes und schlug Ijob mit bösartigem Geschwür von der Fußsohle bis zum Scheitel.* (8) *Ijob setzte sich mitten in die Asche und nahm eine Scherbe, um sich damit zu schaben.* (9) *Da sagte seine Frau zu ihm: Hältst du immer noch fest an deiner Frömmigkeit? Lästere Gott und stirb!*

Darin, wie Sie auf Widrigkeiten, eine Katastrophe, eine Tragödie oder den Tod eines geliebten Menschen reagieren, wird sich Ihr Glaube und Vertrauen in Gott beweisen. Dies ist der Moment, wo Sie Ihr Wissen über die Gesetze des Geistes anwenden sollten, um Ihr Ziel, Ihren Wunsch, im Auge zu behalten. Glauben Sie fest daran, daß Sie ihn in jedem Augenblick verwirklicht haben, weil Sie ihn in Ihrem Herzen fühlen. Ihr Wunsch, Ihr Verlangen ist so real wie Ihre Hand, akzeptieren Sie ihn, und Sie werden sehen, wie er in der Dimension des Raumes in Erscheinung tritt. Wenn Sie auf dem Spielfeld stürzen, stehen Sie lächelnd wieder auf, da Sie wissen, daß Sie beim nächsten Mal den Sieg erringen werden.

Laufen die Dinge glatt und ergeht es dem Menschen zunehmend wohl, dann neigt er dazu, locker zu lassen, die Dinge leicht zu nehmen und nicht mehr zu beten. Wenn aber Probleme auftauchen, dann beginnt er alle möglichen Fragen zu stellen, wie etwa: »Warum ist das mir passiert?« »Ich habe überhaupt nicht an diese Krankheit gedacht.« »Ich habe nie davon gehört.« »Ich hasse niemanden.« »Ich habe den Armen gegeben.« »Ich gehe in die Kirche.« Und so fort.

In den Versen Sechs und Sieben steht, daß Hiob von der Fußsohle bis zum Scheitel mit Geschwüren bedeckt war. In Vers Neun sagt seine Frau zu ihm, daß er Gott lästern und sterben solle. Ihre (innere) Frau symbolisiert Ihr Gefühl, Ihre Emotion, Ihre Reaktion; manchmal flucht der Mensch Gott, wenn sein Kind stirbt oder ein Unglück in sein Leben tritt. Was der Mensch braucht, ist ein klares Verständnis vom Gesetz seines eigenen Seins, das besagt: *Wie er geglaubt hat, so soll ihm geschehen.*

Glaube ist ein Akt des Geistes. Da mag ein Mensch ein

getreues Mitglied seiner Kirche sein oder regelmäßig dem Gottesdienst beiwohnen, all die Regeln, Riten, Rituale und Zeremonien einhalten, und doch von Krankheiten, Tragödien und allem möglichen Mißgeschick heimgesucht werden. Was zählt ist, wie der Mensch in seinem Herzen denkt, fühlt und glaubt; mit anderen Worten: stets manifestiert sich die innere Bewegung des Herzens. Und so mag ein Mensch ein guter Buddhist, Moslem, Christ oder Jude sein, an den Grundgesetzen dieser Religionen festhalten, und doch Leid, Schmerz und Not erleiden. *Wie der Mensch im Herzen denkt, so ist er.* Herz ist ein chaldäisches Wort und bedeutet Ihr Unbewußtes – den Sitz Ihrer Gefühle und Emotionen.

Ich kannte eine Frau, die nach weltlichen Gesichtspunkten ein sehr guter Mensch war. Sie ging regelmäßig in die Kirche, spendete großzügig karitativen Vereinen, besuchte die Kranken und erteilte auch kostenlosen Musikunterricht für die Kinder der Armen in ihrem Viertel. Und doch war sie durch Arthritis verkrüppelt. Sie glaubte, wie sie mir erzählte, daß Gott sie bestrafe, weil sie vor vierzig Jahren gesündigt hatte. Auch entdeckte ich, daß sie sich vor dem Tod fürchtete, da sie Angst hatte, gewogen und für zu leicht befunden zu werden; sie glaubte ganz buchstäblich an eine Hölle. Dazu kam, daß sie im geheimen ihre Schwiegertochter haßte, ihr aber zu Weihnachten und Ostern großzügige Geschenke machte und sich darin überschlug, scheinbares Wohlwollen zu bekunden. In Wirklichkeit handelte es sich um eine unbewußte Kompensation, sie wollte ihr Schuldgefühl wegen des unterdrückten Hasses auf ihre Schwiegertochter beruhigen.

Eine äußerliche Bekundung des Glaubens an diese oder jene Religion ist nicht das, wovon die Bibel spricht; hier sind vielmehr die wahre innere Einstellung, die inneren Gefühle und Bewegungen des Geistes und Gemüts gemeint. Das negative Denken dieser Frau erzeugte destruktive Emotionen, und diese im Unbewußten verknoteten negativen Gefühle mußten ein Ventil haben, in diesem Fall das einer schweren Arthritis. *Dir geschehe, wie du geglaubt hast* – das ist das Gesetz, von dem in der Bibel die Rede ist.

Glaube und Vertrauen sind eine Denkrichtung, eine innere Einstellung und Haltung, ein Gefühl oder ein inneres Gewahrsein. Der Mensch kann an Fehlschläge, Mißerfolg, Unglück und Armut glauben, und er wird alle diese Situationen und Bedingungen in seinem Leben manifestieren. Dies ist Glaube in Verkehrung. Wahrer Glaube aber ist das, was Sie im Herzen bejahen, was Sie in Geist und Gemüt akzeptieren; in Wirklichkeit ist er ein Gedanke Ihres Geistes, und da Gedanken schöpferisch sind, erschaffen wir, was wir denken, denn der Mensch ist zum Ausdruck gebrachter Glaube. Wir erschaffen, was wir wirklich in unserem Geist und Herzen glauben. Was Sie wahrhaft und tief in Ihrem Herzen glauben, das ist wichtig, nicht die Dinge, denen sie nur formal oder intellektuell beipflichten.

Die Heilung der oben erwähnten Frau erfolgte nach einer ausführlichen Erklärung und Gebet. Anfangs war sie ziemlich verstockt und weigerte sich, an einen Gott der Liebe zu glauben, und ich wunderte mich über diese Beschränktheit ihres an sich hervorragenden Verstandes. Ihre gesamte religiöse Einstellung schien von Unredlichkeit durchtränkt zu sein. Sie gab zu, daß sie eine Heilung wünschte, dachte aber, daß Gott sie für ihre Sünden leiden lassen wolle. Ich erklärte ihr, daß Gedanken Dinge sind und daß, wenn sie glaube, Gott ergieße seinen Zorn über sie, die Schöpferische Kraft entsprechend der Natur ihres Denkens reagieren würde; daß sie in Wirklichkeit nur sich selbst bestrafe. Allmählich dämmerte ihr, daß das Gesetz ihres Geistes schlicht aus Aktion (Gedanke) und Reaktion (Antwort auf den Gedanken) ihres Unbewußten bestand. Ihre guten und schlechten Erfahrungen waren nur Bewegungen ihres Geistes und Gemüts in bezug auf das Lebensprinzip, das in sich immer ganzheitlich und vollkommen ist. Allmählich wurde ihr klar, daß, wie auch Judge Troward, der Autor der *Edinburgh Lectures*, darlegte, Gott alles ist, was ist, daß Gott Das Unendliche ist und daß man, mathematisch und wissenschaftlich gesehen, unmöglich zwei Unendlichkeiten haben kann. Existierten zwei Kräfte oder Mächte, so würde die eine die andere auslöschen, und es fände sich nur Chaos, ständige Reibung und Spannung. Gäbe es eine Macht, die Gott anfechten oder herausfordern könnte, dann wäre Gott nicht das Höchste Wesen oder Die Allmacht. *Höre Israel! Jahwe, unser Gott, Jahwe ist einzig.* Deuteronomium 6,4.

Schließlich akzeptierte sie, daß ihr geistiger Zustand

zweifellos in ihren Körper und ihre äußerlichen Erfahrungen projiziert worden war. Und so war ihr Gebet: »Das Heilige Geistige Wesen, das mich erschuf, konzentriert sich genau auf den Problempunkt in meinem Geist und Gemüt, und alle geistige und physische Verzerrung ist von mir genommen. Göttliche Liebe löst alles auf, das ihr nicht gleicht, und ich bin entspannt und voller Frieden. Sein Strom des Friedens nährt und durchdringt mein ganzes Wesen und Sein, und ich bin entspannt und im Frieden. Sein Strom des Friedens durchflutet meinen Geist und Körper, und ich fühle mich wunderbar. Aus ganzem und vollem Herzen vergebe ich jedermann, und ich gieße Seine Liebe und Seinen Segen über meiner Schwiegertochter aus und über allen, die um mich sind, und ich bin frei.«

Sie bejahte diese Wahrheiten langsam, ruhig, ehrfürchtig und liebend einige Male am Tag, und innerhalb eines Monats war sie vollkommen geheilt.

In der Bibel steht: »Ihr alle werdet genauso umkommen, wenn ihr euch nicht bekehrt.« Bekehren meint, die Gedanken nach spirituellen Prinzipien verändern, in neuer Weise denken. Wenn Sie Ihren Geist nicht mit nährenden, stützenden, förderlichen, inspirierenden Ideen und Vorstellungen füllen, wenn Sie mit anderen Worten nicht konstruktiv denken, dann wird sich das kollektive Bewußtsein der Menschheit oder das große psychische Meer, in dem wir alle leben, in Ihrem Bewußtsein breitmachen, und Sie werden davon beherrscht und ihm ausgeliefert sein. Wir alle sind eingebettet in den einen Geist, und wenn die einzige geistige Nahrung, die Sie beziehen, die negativen Suggestionen des Radios, der Zeitungen und der Nachbarn sind, zu denen noch verschärfend die sich Ihrem Bewußtsein einprägenden Begrenztheiten, Ängste und Probleme des kollektiven Bewußtseins kommen, dann erliegen Sie diesem hypnotischen Bann, es sei denn, Sie übernehmen die Leitung und Lenkung Ihrer geistigen und emotionalen Kräfte. Das ist der Grund, warum die sogenannten guten Menschen oft soviel Leid in ihrem Leben erfahren.

Wenn Sie unbeteiligt, gleichgültig, nachlässig und faul sind und sich weigern, Ihr Bewußtsein mit den Wahrheiten Gottes zu erfüllen, dann pflanzen sich die in den unbewachten Geist eindringenden negativen Gedanken, Stimmungen und Überzeugungen dem Unbewußten ein – und was der Mensch sät, das wird er ernten. Wenn Sie die geistigen Gesetze nicht kennen oder sich ihrer nicht gewahr sind, dann schreiben Sie vielleicht Ihre unerfreulichen Erfahrungen dem Schicksal, Zufall, der Glücklosigkeit, dem Karma oder der Vorsehung zu, statt sich klar zu machen, daß hinter jeder Wirkung eine Ursache steht. Sie müssen erkennen, daß der Regen auf Gerechte wie Ungerechte fällt und die Sonne gleichermaßen strahlend auf gute wie böse Menschen scheint. Gott sieht nicht die Person an. Die Unterschiede zwischen den Menschen sind auf ihre Bewußtseinszustände zurückzuführen, und Ihr Bewußtseinszustand ist das, was Sie denken, fühlen, glauben und geistig bejahen. Darum sind einige krank, andere gesund, die einen arm, die anderen reich, darum sind einige traurig und andere schäumen über vor Lebensfreude.

Nicht der Glaube an bestimmte Rituale, Liturgien, Glaubenssätze, Dogmen, Traditionen, Formeln und Meinungen des Menschen ist die Antwort, sondern der Glaube an einen Gott der Liebe, Güte und immerwährenden Gerechtigkeit. Sie müssen glauben, daß Gott für uns immer mehr Leben, Liebe, Wahrheit, Schönheit, Fülle und wunderbare Erfahrungen will, Erfahrungen, die noch unsere liebsten Träume übersteigen. Dies ist wirklicher Glaube, denn Sie glauben an die Güte und Liebe, an die Seligkeit, Freude, Ganzheit, Schönheit und Vollkommenheit Gottes. Setzen Sie Ihr Vertrauen in Gott und alle guten Dinge, und alles wirkt zusammen zum Guten für die, die Gott lieben. Sie haben nun den wahren Glauben, weil Sie an Die Wahrheit über Gott glauben. Sie leben in freudiger Erwartung des Besten – und nur das Beste wird Ihnen zuteil werden.

(11) *Die Freunde Ijobs hörten von all dem Bösen, das über ihn gekommen war. Und sie kamen, jeder aus seiner Heimat: Elifas aus Teman, Bildad aus Schuach und Zofar aus Naama. Sie vereinbarten hinzugehen, um ihm ihre Teilnahme zu bezeigen und um ihn zu trösten.*

Diese *drei Freunde* stehen für Tradition, Doktrin und Dogma in undisziplinierter und zügelloser Form. Der undisziplinierte, umgeleitete und nicht erneuerte Geist des Menschen spaltet sich, verwirrt sich und kommt völlig durcheinander unter der Herrschaft der drei sogenannten Freunde, deren wirkliche Namen Angst, Unwissenheit und Aberglaube sind. Hiob wird hier von seiner eigenen gespaltenen Persönlichkeit gepeinigt, die die Meinungen der Welt widerspiegelt, statt die Wahrheit, die frei macht.

Sie müssen sich erneuern im Glauben und Vertrauen auf die Gegenwart und Kraft Gottes in Ihnen; Sie müssen sich vom Geist der Ganzheit, Schönheit und Vollkommenheit in transzendenter Anmut durchströmen lassen und Geist und Körper umwandeln zu Gottes Muster vollkommener Erhebung. Sie dürfen den Geist nicht länger merkwürdige Doktrinen aufstellen lassen, die sich auf falsche Theorien und falsche Götter gründen, wie etwa die Spaltung zwischen Geist und Materie, Körper und Geist, Gott und Teufel usw. Der Invasion aufdringlicher Angstpropaganda, von Krankheit, Leiden und den Ängsten der Welt muß begegnet und sie muß durch das Bewußtsein von der Gegenwart Gottes in Ihnen entwaffnet werden – der einzigen Ursache und der einzigen Macht. Sie nehmen Ihre Anweisungen und Anordnungen vom Göttlichen Geist entgegen und nicht von der Welt und ihren falschen Glaubensvorstellungen.

Beginnen Sie jetzt vom Standpunkt Gottes aus zu denken, zu sprechen und zu handeln, da die Liebe und Weisheit Gottes in Ihnen sind, und sich dem Einfluß des aufgesetzten Gebäudes aus Furcht, Zweifel und Besorgnis zu entziehen. Auf diese Weise werden Sie Ihren Weg zurück zu Gott in Ihrem Zentrum beginnen, zu Ihm, der die Macht hat zu heilen.

3

Das Buch Hiob

KOMMENTARE ZU KAPITEL DREI

(1) *Danach tat Ijob seinen Mund auf und verfluchte seinen Tag.*
(2) *Ijob ergriff das Wort und sprach:* (3) *Ausgelöscht sei der Tag, an dem ich geboren bin, die Nacht, die sprach: Ein Mann ist empfangen.* (11) *Warum starb ich nicht vom Mutterschoß weg, kam ich aus dem Mutterleib und verschied nicht gleich?*
(12) *Weshalb nur kamen Knie mir entgegen, wozu Brüste, daß ich daran trank?* (13) *Still läge ich jetzt und könnte rasten, entschlafen wäre ich und hätte Ruhe.*

Eines der Anliegen des Buches Hiob ist es, die verschiedenen Meinungen der Menschen über Gott zu erläutern. Hier bedauert Hiob in seinem Leid, daß er geboren wurde, und wünscht, er wäre tot. Die Kapitel drei bis zweiunddreißig befassen sich alle mit unseren inneren Auseinandersetzungen, mit unserem Bemühen, mit den Glaubensvorstellungen und Meinungen der Welt (Satan) zurechtzukommen; augenscheinlich waren alles Übel und Unglück, die über Hiob, sein Eigentum, seine Familie und seine Gesundheit kamen, von diesem Widersacher, Satan genannt, verursacht worden. Und die Unglücksfälle werden in ihrer Reihenfolge entsprechend der Werteskala des Durchschnittsmenschen aufgezählt. Gewöhnlich lobt und preist der Mensch Gott für seine Gütigkeit und Segnungen, wenn es ihm wohl ergeht und er gesund ist, aber wenn Schwierigkeiten auftreten, wie bei Hiob, beklagt er sich über die Ungerechtigkeit; und oft genug kommen Flüche und Verwünschungen über seine Lippen.

Das Wort Satan hat die gleiche Wurzel wie *seteh*, was »sich abkehren« bedeutet. Es impliziert die Vorstellung, die Aufmerksamkeit von etwas Schlechtem abzuwenden. Wenn Sie Angstgedanken hegen, dann werden diese die Tendenz haben, Sie von Ihrem Glauben an Gott und alle guten Dinge abzubringen. Wenn Sie einen kranken Freund besuchen und Ihnen der Gedanke in den Sinn kommt, daß Sie sich anstecken könnten, dann müssen Sie ihn sofort durch den Glauben an vollkommene Gesundheit ersetzen. Wenn Sie bei der Vorstellung der Schmerzen des anderen verweilen, dann sind Sie versucht, sich in Geist und Gemüt auf die Krankheit zu fixieren. Das gleiche meint der Satz: *Denn das Dichten des menschlichen Herzens ist böse von Jugend auf.* Genesis 8,21.*

Unsere Gedanken kommen in Paargestalt, so wie etwa Gesundheit und Krankheit, Reichtum und Armut, Glück und Leid, Liebe und Haß. In den alten Schriften wird dies die zwei Engel genannt oder die guten und

* In der Übersetzung von Martin Luther.

bösen Neigungen in jedem Menschen. Der negative Gedanke, die böse Absicht, der Widersacher und der Engel des Todes sind, wenn sie in der Bibel erwähnt werden, ihrer Bedeutung nach identisch. Jede Person wird von den zwei Engeln begleitet, dem einen zur Rechten, dem andern zur Linken. Das meint, jedes Verlangen oder jeder Wunsch bringt einen negativen bzw. gegensätzlichen Gedanken mit sich. Sie werden zum Beispiel aufgefordert, die Rate für die Hypothek zu bezahlen, aber Sie haben das Geld nicht; der Wunsch nach Gottes Reichtum ist für Sie real und natürlich, aber Ihnen kommt der negative Faktor zu Bewußtsein und erinnert Sie an Ihre Beschränkungen und Schwierigkeiten. Wenn Sie sich in einem Dilemma befinden, verwirrt und konfus sind, dann wirkt in Ihnen der negative Gedanke zusammen mit dem positiven Verlangen. Im Gebet halten Sie die furchtsamen und angstvollen Gedanken empor zum LICHT, wobei Ihnen klar ist, daß diese negativen Gedanken eine Ansammlung von finsteren Schatten sind und ein Schatten keine Macht hat. Sie bringen sich zur Überzeugung, daß es nur Eine Kraft gibt, und da sie allmächtig ist, kann sie keinen Widersacher, Gegner oder Herausforderer haben. Geist und Gemüt fangen dann an, sich als Einheit zu bewegen, und Sie schreiben alle Macht Gott zu, und Er, der Ihnen das Verlangen gab, wird Ihnen auch enthüllen, wie Sie es in Göttlicher Ordnung zur Erfüllung bringen.

Judge Troward legt in seinen Schriften über die Wissenschaft vom Geist dar, daß unser Verlangen seine eigene Mathematik und Mechanik hat und daß es, wenn wir es durch den Glauben stützen, zur rechten Zeit und auf richtige Weise befriedigt werden wird. Durch falsches Denken, eine falsche Anwendung und Deutung der universellen Gesetze ziehen Sie Leiden auf sich. Wenn wir es versäumen, auf die rechte Weise zu beten und den ewigen spirituellen Werten des Lebens Aufmerksamkeit zu widmen, dann treten Schmerz, Not und Leid auf, um uns auf unsere Nachlässigkeit, Gleichgültigkeit, Apathie oder Faulheit hinzuweisen. Unsere Beschränkungen, Probleme und Schwierigkeiten veranlassen uns zur Suche nach Antworten, und auf diese Weise entdecken wir die Göttlichkeit in uns.

Wenn alle Fragen eines Kreuzworträtsels für Sie gelöst würden und Sie nur noch die Antworten abzuschreiben bräuchten, dann wären Sie bald gelangweilt und hätten die Sache satt. Spannung, Freude, Befriedigung kommen mit dem Lösen des Rätsels, ganz so, wie ein Ingenieur jubelt, wenn er erfolgreich eine Brücke über einen Abgrund baute, der nach allgemeiner Auffassung unmöglich zu überbrücken war. Seine Freude kam mit der Bewältigung des Problems. Das Buch Hiob ist tatsächlich ein Klassiker, weil es (wie die *Bhagavad Gita* der Hindus) den ständigen (sichtbaren und unsichtbaren) Kampf im Bereich Ihres Bewußtseins wiedergibt. Es ist im Grunde die Geschichte eines jeden einzelnen, die ihm hilft, zu einer objektiven Selbstanschauung zu gelangen.

Hiob verlor die Führung Gottes und der Göttlichen

Weisheit, die ihn in seiner Jugend automatisch beschützte.

(16) *Wie die verscharrte Fehlgeburt wäre ich nicht mehr, Kindern gleich, die das Licht nie geschaut.* (17) *Dort hören Frevler auf zu toben, dort ruhen aus, deren Kraft erschöpft ist.*

Hiobs Freunde sind Tradition, Dogma, Doktrin (Sitten, Religion und Meinungen), und in seinem Geist kommen sie überein, daß er ein Sünder sei, weil schon fast so gut wie tot und begraben. Diese Überlegungen und Argumente kommen Hiob auf seiner Suche nach Gott und Seiner Wahrheit in den Sinn. Die Fragen und Antworten wiederholen und vermischen sich, unterbrochen von Hiobs Beschreibung seines tiefen Schmerzes und Unglücks, das trotz seiner Rechtschaffenheit, Barmherzigkeit und guten Taten über ihn gekommen war. Die Antworten, die Hiob von seinen Freunden erhält, sind Ermahnungen zur Geduld, und Reden, die ihn seinen Kummer vergessen lassen sollen.

4

Das Buch Hiob

KOMMENTARE ZU KAPITEL VIER

(1) *Da antwortete Elifas von Teman und sprach:* (2) *Versucht man ein Wort an dich, ist es dir lästig? Doch die Rede aufzuhalten, wer vermag es?* (8) *Wohin ich schaue: Wer Unrecht pflügt, wer Unheil sät, der erntet es auch.* (9) *Durch Gottes Atem gehen sie zugrunde, sie schwinden hin im Hauch seines Zornes.*

Elifas steht exemplarisch für den Intellekt und für die Haltung, an Gott mit einem kompletten Satz an Theorien über Gott, das Sein und die Gerechtigkeit heranzugehen. Hiob wird hier eigentlich von seinen eigenen Ängsten und Zweifeln gepeinigt, von seiner Selbstkritik und Selbstverdammung, die die Meinungen der Welt widerspiegeln und nicht das Bewußtsein von Der Wahrheit, das ihn freiwerden ließe.

(13) *(Im Grübeln ...)* (14) *Kam Furcht und Zittern über mich und ließ erschaudern alle meine Glieder.* (15) *Ein Geist schwebt an meinem Gesicht vorüber, die Haare meines Leibes sträuben sich.* (16) *Er steht, ich kann sein Aussehen nicht erkennen, eine Gestalt nur vor meinen Augen, ich höre eine Stimme flüstern:* (17) *Ist wohl ein Mensch vor Gott gerecht, ein Mann vor seinem Schöpfer rein?*

Hier ist Hiob taub für die Weisheit und ruft nach einer Erklärung. Er fürchtet sich so sehr, daß sich die Haare seines Leibes sträuben. Glaube und Dogma, für die hier Elifas steht, nützen Hiob in seinem Leiden nichts; er bekommt keine Antwort. Elifas sagt ihm, wer Unheil sät, der erntet es auch. Ein solcher Spruch, solche moralisierenden Lehren bieten keinen Trost für einen Mann, dessen Körper von Schmerzen gepeinigt wird.

Hiobs Drama ist eine Prüfung, ob der Mensch Gott wirklich kennt oder ob er, wenn er sich mit Widrigkeiten und Tragödien konfrontiert sieht, das Gotteskonzept aufkündigt oder ablehnt. Das ist es, worum es in dieser Geschichte wirklich geht. Da mag ein Mensch unter weltlichen Gesichtspunkten sehr religiös sein; er mag ein guter Katholik, Protestant, Jude oder Buddhist sein oder irgendeinem anderen religiösen Glauben anhängen; er mag all die Riten, Rituale und Zeremonien einhalten und regelmäßig zum Gottesdienst gehen oder ein treues Mitglied seiner jeweiligen Kirche sein, und doch kann er die Qualen der Verdammten erleiden.

Gerade kam ich von einem Krankenhausbesuch bei einem Mann zurück, der verkrüppelt ist und unter starken Schmerzen leidet. Er erzählte mir, daß er vierzig Jahre lang in der Sonntagsschule unterrichtet, für die Pfadfinder gearbeitet, behinderten Kindern geholfen und zahllose großzügige und großherzige Taten vollbracht habe; und doch hatte er eine sogenannte unheilbare Krankheit, konnte auf einem Auge nichts mehr sehen und kaum noch etwas hören. Er fragte mich: »Warum muß ich leiden? Ich bin ein guter Christ und habe viel Gutes getan. Warum bestraft mich Gott?«

Er klagte wie Hiob und stellte die gleichen Fragen. Ich sprach über eine Stunde mit ihm und fand heraus, daß er seit dreißig Jahren einen Geschäftspartner haßte. Er war zerfressen von rachsüchtigen und bösen Gefühlen und starrsinnig in seiner Weigerung zu vergeben; er rief Verwünschungen und Flüche auf das Haupt seines Teilhabers herab. Dieser Bewußtseinszustand war seine wirkliche Religion; *Ihre* Gedanken, Gefühle und inneren Überzeugungen bilden Ihre Religion oder Ihre Beziehung zum Leben, das für sich immer vollkommen und ganz ist. Diesem Mann geschah, wie er glaubte.

Das Gesetz des Lebens ist das Gesetz des Glaubens, und Glaube ist ein Gedanke in Ihrem Geist und Gemüt. Der Kranke dachte an den anderen Mann voller Haß, Abscheu und Rachsucht, was eine destruktive Emotion in seinem Unbewußten erzeugte, die sich dort zusammenballte und ihr Ventil im körperlichen Leiden fand. Der Grund, warum einige Menschen krank und andere gesund sind, liegt in der Unterschiedlichkeit ihrer Glaubensvorstellungen und Überzeugungen. Gesundheit und Krankheit sind manifestierte subjektive Überzeugungen.

Die wirkliche und wahre Religion wurde vor Tausenden von Jahren erläutert. *Wie der Mensch im Herzen denkt, so ist er.* Wie einer der Alten Weisen sagte: »Wenn ihr es benennt, könnt ihr es nicht finden, und wenn ihr es findet, könnt ihr es nicht benennen.«

Wie kann man Frieden, Liebe, Freude, Weisheit, Verstehen, Geduld, Güte, guten Willen, Gerechtigkeit, Erleuchtung, göttlicher Weisheit und Mitgefühl ein sektiererisches Etikett verpassen? Es sind Eigenschaften, Merkmale und Kräfte Gottes, und sie gehören allen Menschen. Wenn Sie beginnen, diesen Eigenschaften Gottes Ausdruck zu geben, dann beginnen Sie, das Reich Gottes auf Erden zu erbauen. Ihre äußere Bindung an eine bestimmte Kirche, Gruppe oder religiöse Institution ist von untergeordneter Bedeutung; der Härtetest für Ihren religiösen Glauben ist das, was Sie im Herzen fühlen. Wenn Sie ein Freund Gottes sind, wenn Sie Die Wahrheit lieben, wenn Sie Gott gegenüber loyal sind, wenn Sie Ihren Mitmenschen Liebe und guten Willen vermitteln, wenn Sie glücklich sind, voller Freude und frei, und wenn Sie in freudiger Erwartung des Besten leben, dann haben Sie eine wunderbare Religion, gleich ob Sie irgendeiner Kirche angehören oder nicht. *Gehe hin; dir geschehe, wie du geglaubt hast.*

An was werden Sie glauben? Man sagt Ihnen, daß Gott Wunderbarer Ratgeber, Starker Gott, Vater in Ewigkeit, Fürst des Friedens ist (Jesaja 9,6); von daher sollten Sie nunmehr glauben, daß Gott Ihr Liebender Vater ist, der über Sie wacht, Sie leitet, Sie lenkt, Sie stützt und stärkt, und daß Seine Liebe Ihre Seele erfüllt. Glauben Sie, daß Gott ein LICHT ist auf Ihrem Weg und Ihren Schritten voranleuchtet. Glauben Sie an die Fülle des Lebens und daß Gottes Wille für Sie weit mehr bereithält, als Sie es je erträumten. Die Bibel sagt Ihnen nicht, daß Sie Credos, Dogmen, Traditionen, Kirchen oder einer bestimmten theologischen Lehrmeinung anhängen sollen; ganz im Gegenteil, die Wahrheiten der Bibel existierten vor jeglicher Kirche oder noch bevor irgendein Mensch auf Erden wandelte. Die ewigen Wahrheiten, die Merkmale und Eigenschaften Gottes und Seines Gesetzes sind stets dieselben, gestern, heute und in Ewigkeit. Gott und Sein Gesetz ändern sich nicht, der Mensch ist es, der veränderlich und wandelbar ist. Gott und Seine Wahrheit sind unveränderlich, unwandelbar, zeitlos und alterslos. Liebe, Weisheit, Freude, Schönheit, Intelligenz, Harmonie, Göttliche Ordnung wurden nie geboren und werden niemals sterben. Die einzige wahre Religion in der Welt besteht darin, der Wahrheit über Gott Ausdruck zu geben.

Was wahr ist in bezug auf Gott, ist auch wahr in bezug auf den Menschen, denn der Mensch und Gott sind eins. Es gibt nur Ein Wesen und Sein, und der Mensch ist eine Ausdrucksform dieses Wesens und Seins. Die Eigenschaften und Kräfte des Vaters müssen im Sohn vorhanden sein, und deshalb sollten wir jetzt unser Sohn-Sein beanspruchen und die in uns eingeschlossene Herrlichkeit freisetzen. Wenn jemand Sie nach Ihrem Glauben fragt, dann sollten Sie antworten, daß Sie an die unendliche Güte Gottes glauben, an Seine allumfassende Liebe, an das Ewige Leben, an vollkommene Gesundheit, an Gottes Fülle und nie versagende Unterstützung. Bekunden Sie Ihr tiefes Vertrauen in das Gesetz Gottes, das immer auf das Wesen und die Natur Ihrer Gedanken

(Ihre Bitte) reagiert. Sie glauben und vertrauen darauf, daß Gott, Ihr Liebender Vater, Ihnen, wenn Sie um Brot bitten, keinen Stein reichen wird; Sie wissen in Ihrem Herzen, daß Er, Ihr Liebender und Gütiger Vater, Ihnen, wenn Sie um einen Fisch bitten, keine Schlange darbieten wird. Sie glauben an das Gute, denn Gott ist unendlich gut und vollkommen. Diese Antwort sollte genügen.

In diesem Sinne sprach ich auch mit dem früher erwähnten kranken Mann, und nach einer ziemlich langen Diskussion reagierte er. Er ließ sich auf den Geist des Vergebens ein und rief den Segen des Allmächtigen auf seinen Partner und sich selbst herab. Etwa zehn Minuten lang sprach er laut und bekräftigend: »Gottes Liebe erfüllt meinen Geist und Körper.« Bei ihm setzte dann eine bemerkenswerte geistige und körperliche Veränderung ein, und ich bin, während ich dies schreibe, sicher, daß er Gottes Gnade und vollkommene Heilung erfahren wird. Liebe im Herzen bringt Liebe zu allen Körperzellen, und dann wohnt nur Gott in ihnen, und Gott ist Liebe. Liebe im Innern, Liebe im Äußeren, Friede im Innern, Friede im Äußeren.

In Vers Sechzehn fühlt Elifas, der sich in der äußeren Form, im Ritual, und in den doktrinären Vorstellungen von Gott verloren hat, vage, daß Gott gerecht ist: Er hat das Bild einer von Schweigen umgebenen Gestalt, von der eine ohne jede Weisheit plappernde Stimme zu hören ist.

5

Das Buch Hiob

KOMMENTARE ZU KAPITEL FÜNF

(7) *Sondern der Mensch ist zur Mühsal geboren, wie Feuerfunken, die hochfliegen.* (17) *Ja, wohl dem Mann, den Gott zurechtweist. Die Zucht des Allmächtigen verschmähe nicht!*

Elifas sieht, versteht aber nicht, da er nur mit Äußerlichkeiten und materialistischen Konzepten von Ursache und Wirkung befaßt ist. Er versteht nicht, daß alles Leiden von der Reaktion des Unbewußten auf negative Gedanken oder unserem Versäumnis, konstruktiv zu denken, herrührt. Wenn wir es unterlassen, unserem tieferen Bewußtsein harmonische und konstruktive Muster zu geben, unseren Geist mit wahren Prämissen zu nähren, indem wir uns auf das konzentrieren, was schön und zuträglich ist, dann müssen wir entsprechend leiden. Wenn wir unsere Gedanken, Vorstellungen und geistigen Bilder nicht gezielt wählen, dann werden das menschliche kollektive Bewußtsein oder die Zeitungen oder andere Leute unser Denken und unsere Stimmungen beherrschen.

(22) *Über Verwüstung und Hunger kannst du lachen, von wilden Tieren hast du nichts zu fürchten.* (27) *Ja, das haben*

wir erforscht, so ist es. Wir haben es gehört. Nimm auch du es an!

Wählen Sie Ihre eigenen Gedanken und Ihre eigenen Gefühle und Emotionen, oder die Welt mit ihrer Prahlerei, ihren Ängsten, Zweifeln, ihrem Haß und ihrer Eifersucht, ihren Machenschaften und ihrer Konfusion wird Sie herumstoßen, und Sie werden Sklave sein und kein Herr. Wo die Weisheit fehlt, herrscht die Unwissenheit, und Unwissenheit ist Satan, ist der Räuber Ihrer Seele. Nutzlos und vergeblich ist die Stimme der Angst, wenn sie laut um Frieden fleht. Liebe antwortet nur auf den Ruf der Liebe, denn *das Tiefe zieht Tiefes an*.

6

Das Buch Hiob

KOMMENTARE ZU KAPITEL SECHS

(1) *Da antwortete Ijob und sprach:* (2) *Ach, würde doch mein Gram gewogen, legte man auf die Waage auch mein Leid!* (6) *Ißt man denn ungesalzene Speise? Wer hat Geschmack an fadem Schleim?*

Es ist Hiobs Replik auf Elifas' Predigt. Im Grunde sagt er, daß er weiß, daß er in die falsche Richtung geht, aber er möchte wissen, worin sein Fehler besteht; und das verdeutlicht er recht auffahrend und grob, indem er Elifas zu verstehen gibt, seine Einwände seien so fade wie Schleim.

(11) *Was ist meine Kraft, daß ich aushalten könnte, wann kommt mein Ende, daß ich mich gedulde?* (12) *Ist meine Kraft denn Felsenkraft, ist mein Fleisch denn aus Erz?* (13) *Gibt es keine Hilfe mehr für mich, ist mir jede Rettung entschwunden?**

Hier hat Hiob eine spirituelle Einsicht, wenn er fragt: »Hab' ich denn Hilfe nicht in mir? Hat die Weisheit

* Im Original: (13) *Is not my help in me? And is wisdom driven quite from me?* (Hab' ich denn Hilfe nicht in mir? Hat die Weisheit mich denn ganz verlassen?) Darauf bezieht sich der Autor im folgenden.

mich denn ganz verlassen?« Ihm dämmert allmählich, daß Gott in ihm ist. Elifas, der für die herkömmliche Vorstellung von einem Gott in Menschengestalt steht, glaubt an einen Gott im Himmel oder irgendwo »da draußen«. Natürlich ist Gott überall, innen und außen, denn das Leben, oder Gott, ist allgegenwärtig. Als ich ein Junge war und den Katechismus studierte, wurde mir gesagt, ein Atheist sei ein Mensch, der nicht an Gott glaubt; als ich aber nach dem Aufenthaltsort Gottes fragte, wurde mir erzählt, er säße auf einem Thron im Himmel, und wenn ich ein guter Junge sei und keine Todsünden beginge, dann würde ich möglicherweise eines Tages dort hinkommen und Ihn sehen und die Harfe spielen. Ich muß wohl in meinen sehr jungen Jahren ein Atheist gewesen sein, denn ich glaubte diese Antwort nicht, wußte aber, daß ich irgendwann Antworten erhalten würde. Wie ich feststellte, war das, was der Religionslehrer wußte, ohne Bedeutung, niemand wußte wirklich irgend etwas. Sie alle hatten nur Worte ohne Bedeutung, Gebete ohne Verstehen, Religion ohne Wissenschaft, Überzeugungen ohne Wissen, Glauben ohne Gefühl, und zu Gott gehörte der Teufel und zum Himmel die Hölle.

In Vers Vierundzwanzig bittet Hiob: *Belehrt mich, so werde ich schweigen, worin ich fehlte, macht mir klar!*

Wir bitten um Brot, und die Welt gibt uns einen Stein in Form von falschen Informationen, die sich auf Furcht, Unwissenheit und Aberglaube – für die auch die drei Freunde Hiobs stehen – gründen. Man sagt Ihnen, Sie seien krank, weil Sie ein elender Sünder sind oder Gott Sie bestraft oder Sie prüft, und nach diesen Erklärungen fühlen Sie sich noch schlechter als zuvor. Sie fragten jemanden, warum Ihr Kind sterben mußte, und er antwortete Ihnen: »Es ist Gottes Wille.« Es fiel Ihnen schwer, das zu glauben, und vielleicht verfluchten Sie Gott, traten aus der Kirche aus und wurden Atheist.

Ich kenne Fälle, in denen Kinder starben, weil die Eltern nachlässig, gleichgültig und nicht willens waren, Geld für einen Arzt auszugeben, der zweifellos das Leben dieser Kinder gerettet hätte – dieselben Leute aber sagten, es war Gottes Wille. Zu sagen, daß der Tod eines Kindes Gottes Wille sei, ist Gotteslästerung. Das Leben kann nicht den Tod wünschen. Gott ist das Leben, und das Leben liebt es, sich in Seligkeit, Harmonie, Freude, Schönheit, Frieden, Ordnung und Symmetrie zu manifestieren. Der Wille Gottes ist die Natur Gottes, und Sein Wille in bezug auf uns muß notwendigerweise etwas sein, das wunderbar, herrlich und ekstatisch ist.

Hiob sagt zu Elifas: »Belehre mich«, was ein Streitgespräch zwischen Ihrem niederen und höheren Selbst oder zwischen Ihnen und Ihrem wahren Verlangen meint. Sie sind Hiob, der versucht, das Problem des Leidens, der Krankheit und der Verwirklichung Ihres innigsten Verlangens zu lösen. Sie müssen mit klarer Wahrnehmung und dem Schwert spirituellen Bewußtseins argumentieren, alle falschen Theorien, Glaubensvorstellungen und Lehren austreiben und fest auf dem

Fels der Einen Spirituellen Kraft stehen – Ihrem eigenen Bewußtsein, dem Herrn und Meister Ihrer Welt. Verbannen und vernichten Sie entschieden und auf ewig alle negativen Gedanken, Ängste, Zweifel, alles und jedes, das die Verwirklichung Ihres Verlangens anficht. Machen Sie sich klar, daß die Allmacht zu Ihren Gunsten wirkt und nichts ihrer Kraft widerstehen kann; und warten Sie deshalb geduldig, voller Freude und Begeisterung auf die Beantwortung des Gebets.

7

Das Buch Hiob

KOMMENTARE ZU KAPITEL SIEBEN

(11) *So wehre ich nicht meinem Mund, mit bedrängtem Geist will ich reden, mit betrübter Seele will ich klagen.*

Hier kommt Hiob mit den Tiefen in Berührung. Dies ist der Moment, da Sie sich Gott und allen Dingen Gottes zuwenden müssen, das heißt, Ihre Gedanken, Ihre Wünsche, Ihre Pläne Gott widmen und darum bitten sollen, daß Sie von göttlicher Ordnung, Harmonie und Liebe durchströmt werden. Wenn Sie dies tun, wird Der Geist Sie zum Sieg, zur Freiheit und zur Erfüllung geleiten. »Warum? Warum?« rief Hiob aus, wie es so oft erschallt, wenn ein Unglück über den Menschen kommt. Und, ebenso vertraut: »Warum hat Gott mir das angetan? Ich war ein so guter Mensch!«

8

Das Buch Hiob

KOMMENTARE ZU KAPITEL ACHT

(1) *Da antwortete Bildad von Schuach und sprach:* (2) *Wie lange noch willst du derlei reden? Nur heftiger Wind sind die Worte deines Mundes.* (3) *Beugt etwa Gott das Recht, oder beugt der Allmächtige die Gerechtigkeit?* (4) *Haben deine Kinder gefehlt gegen ihn, gab er sie der Gewalt ihres Frevels preis.*

Bildad bedeutet Sohn des Streits und des Disputs, jener geistige Typus, der glaubt, daß wir von Gott für unsere Sünden bestraft werden, wie dies auch in vielen orthodoxen Kirchenlehren vertreten wird. Wir werden nicht für unsere Sünden bestraft, sondern *durch* unsere Sünden, die eine automatische Reaktion des Unbewußten auf unser gewohnheitsmäßiges Denken darstellen. Wenn wir sündigen, haben wir unser Ziel verfehlt oder es nicht erreicht, eine Antwort auf unser Gebet zu bekommen – Sünde ist das Versäumnis, ein erfülltes und glückliches Leben zu führen. Wenn Sie Ihr geistiges Ziel oder Ihr Lebensziel verfehlen, dann haben Sie gesündigt. Identifizieren Sie sich geistig und emotional mit Ihrem Ideal, halten Sie es heilig, umwerben Sie es, fordern Sie es kühn ein, und die Allmacht in Ihnen wird antworten und es zur Verwirklichung bringen. Alle Bestrafung und alles Leiden sind bewußt oder unbewußt selbstauferlegt.

Da war ein Jugendlicher, sechzehn Jahre alt, dem es nie gelang, einen Job zu ergattern – immer war schon ein anderer vor ihm da. Er verfehlte sein Ziel (einen Job) viele Male und er beschloß, darum zu beten. Beim nächsten Vorstellungsgespräch mußte er feststellen, daß sich noch fünfzehn andere Jungen bewarben. Aus seinem Innern kam ihm plötzlich ein Gedanke. Er schrieb einen Satz auf einen Zettel, gab ihn der Sekretärin, die ihn an den Manager weiterleitete. Dieser las: »Ich bin der fünfzehnte in der Reihe, stellen Sie doch bitte niemanden ein, bevor Sie mich gesehen haben.« Er bekam den Job.

Manchmal spreche ich mit kranken Leuten, von denen ich dann höre: »Oh, es ist mein Karma. Es beschleunigt sich, weil ich mich spirituell entwickle.« Einige vertreten diese spezielle Überzeugung sehr resolut und hitzig. Das ist ein Argument, mit dem Sie hereingelegt und genarrt werden. Manche dieser Menschen haben einen Märtyrerkomplex und glauben, Gott hätte sie aus irgendeinem unerfindlichen Grund zur Bestrafung ausersehen. Eine solche Schlußfolgerung ist ein armseliger Tröster, auch wenn sie nur allzuweit verbreitet ist. Alles, was wir erfahren, ist eine Reaktion auf unsere bewußten oder unbewußten Denk- und Glaubensgewohnheiten. Wir erleben nichts, das nicht Teil unseres eigenen Bewußtseins ist. Ihr Bewußtseinszustand setzt sich zusammen aus dem, was Sie denken, fühlen, glauben und geistig bejahen. Sie sind eingebettet im kollektiven Unbewußten, in das alle Menschen auf der Welt ihre Gedanken, Überzeugungen, Ängste, Haßempfindungen, Hoffnungen und Irritationen einfließen lassen. Auch die Eifersucht, all die Machenschaften, die boshaften und schändlichen Pläne, die das menschliche Gehirn ausheckt, sammeln sich dort; Sie sind Empfangs- und Sendestation, und als Teil des menschlichen kollektiven Bewußtseins müssen Sie im Gebet bleiben, sonst füllt sich Ihr Bewußtsein mit all den Befürchtungen, Ängsten und Zweifeln aus dem kollektiven Unbewußten, die sich dann in Krankheit, Enttäuschung und allen möglichen Problemen niederschlagen können. Das Bewußtsein muß genauso wie der Körper gereinigt werden, sonst füllt es sich mit dem geistigen Schrott der Welt.

9

Das Buch Hiob

KOMMENTARE ZU KAPITEL NEUN

(16) *Wollte ich rufen, würde er mir Antwort geben? Ich glaube nicht, daß er auf meine Stimme hört.* (17) *Er, der im Sturm nicht niedertritt, ohne Grund meine Wunden mehrt,* (18) *er läßt mich nicht zu Atem kommen, er sättigt mich mit Bitternis.*

Hiob beklagt sein Schicksal, und er findet keine Tröstung oder Erhellung in den orthodoxen Tiraden und Glaubensformeln; sie scheinen ihm nichts anderes zu sein als Opium, das den Menschen für die Wahrheit stumpf macht, nämlich daß Gott in ihm wohnt und alle Seine Weisheit, Kraft und Liebe ihm durch Sein Denken und Fühlen zugänglich sind. Wenn Sie Mächte außerhalb der Einen Macht und Kraft postulieren, dann sind Sie Gott gegenüber nicht mehr loyal, Sie lieben Gott nicht mehr. Lieben heißt glauben und getreu und loyal sein, sich der Einen Kraft unterstellen. So wird der Heilige Geist als Gesundheit, Harmonie, Friede, Fülle und Sicherheit durch Sie fließen. Sie sind hier, um das Lied des Triumphes zu singen. *Als alle Morgensterne jauchzten, als jubelten alle Gottessöhne.*

10

Das Buch Hiob

KOMMENTARE ZU KAPITEL ZEHN

(8) *Deine Hände haben mich gebildet, mich gemacht; dann hast du dich umgedreht und mich vernichtet.* (9) *Denk daran, daß du wie Ton mich geschaffen hast. Zum Staub willst du mich zurückkehren lassen.* (10) *Hast du mich nicht ausgegossen wie Milch, wie Käse mich gerinnen lassen?*

Hier ergeht sich Hiob in tiefem Selbstmitleid und schreibt sein ganzes Elend Gott zu, sieht sich einmal von Gott erschaffen, nunmehr völlig vernachlässigt und nicht mehr beachtet. Der schon erwähnte Dr. Phineas Parkhurst Quimby legte vor über hundert Jahren dar, daß religiöse Glaubensvorstellungen und Überzeugungen alle möglichen Krankheiten verursachen können. Bei der Analyse der Leiden seiner Patienten fand er in ihren religiösen Überzeugungen eine gefährliche Saat von Aberglaube, Unwissenheit und Furcht, die der Entfaltung der Menschen stark entgegenwirkte.

Leben bedeutet Weiterentwicklung, und all Ihr Leid und Elend findet seinen Grund in der Reaktion Des Lebens auf Ihr persönliches Versäumnis, sich weiter zu entfalten. Jede geistige Rückentwicklung oder Stagnation bringt Konflikte und Schmerzen mit sich, denn Sie sind hier, um zu wachsen. Und wenn Sie sich vorsätzlich, selbstzufrieden und störrisch weigern, sich von Leben, Liebe, Wahrheit und Schönheit durchströmen zu lassen, dann kommen Schmerz und Leid, um Sie darauf aufmerksam zu machen, daß Sie die Blockierung entfernen und die *heilenden Kräfte* zulassen müssen.

Wird die Gotteskraft durch falsche Überzeugungen gefesselt gehalten, dann, so entdeckte Dr. Quimby, tritt das als Krankheit bekannte Phänomen im Körper zutage und zwingt Sie, nach der Ursache Ihrer Probleme zu suchen, und das wiederum regt den Wachstumsprozeß an und fördert ihn. Diese Suche muß so lange fortgesetzt werden, bis alle Menschen verstehen, daß die Ursache aller Krankheit und allen Unglücks in ihnen selbst zu finden ist. Und nur wenn Sie weiter nach der Antwort suchen, wird ein Licht aufscheinen, werden wahrer Glaube, Vertrauen den Sieg erringen!

Wenn Sie deprimiert, niedergeschlagen, entmutigt sind, dann müssen Sie beginnen, im Geiste ein neues Haus zu bauen. Nutzen Sie die Ihnen innewohnenden Fähigkeiten. Fangen Sie an, freundlich, humorvoll und umgänglich zu sein und strahlen Sie guten Willen aus; haben Sie Vertrauen in ein immerwährendes Gesetz, das die Sonne scheinen und die Sterne am nächtlichen Himmel leuchten läßt. Gelingt es Ihnen, diese Ihre Eigenschaften und Fähigkeiten wirklich zu entfalten, dann werden Sie dieses neue Haus genauso bewohnen wie Ihre Heimstatt aus Stein und Mörtel.

11

Das Buch Hiob

KOMMENTARE ZU KAPITEL ELF

---

(1) *Da antwortete Zofar von Naama und sprach:* (5) *O, daß Gott doch selber spräche, seine Lippen öffnete gegen dich.* (6) *Er würde dich der Weisheit Tiefen lehren, daß sie wie Wunder sind für den klugen Verstand. Wisse, daß Gott dich zur Rechenschaft zieht in deiner Schuld.* (7) *Die Tiefen Gottes willst du finden, bis zur Vollkommenheit des Allmächtigen vordringen?*

Zofar bedeutet Zirpen, Piepsen, Zwitschern; er ist einer der bereits erwähnten Freunde Hiobs. Wir können noch etwas weitergehen und sagen, daß diese drei Freunde, die Hiob, wie bereits dargestellt, zu trösten versuchen, lediglich bestimmte Phasen des intellektuellen, traditionellen Denkens und falschen Argumentierens repräsentieren. Und deshalb finden sie auch kein Heilmittel für Hiobs Leiden. Es ist ein Fall, wo der Blinde den Blinden führt und beide im Graben landen. Die Freunde zeigen Hiob zwar, daß er irrt, können ihm aber nicht den richtigen Weg weisen. Zofar steht für den Typus, der an alten, überlebten Ideen und Argumenten festhält.

Der orthodoxe religiöse Eiferer wird auf die Erscheinungen des Bösen deuten und den Sünder verdammen. Aber nur spirituelles Verstehen kann die Antworten liefern und den Weg zu Friede, Freude und Glück zeigen. Der erleuchtete oder spirituell erhellte Geist führt jenen, denen er helfen will, einen spirituellen Standard vor, anstatt die Aufmerksamkeit auf das scheinbar Böse zu lenken und es damit nur noch zu vergrößern. Zofar weist Hiob zurecht und sagt im Grunde: »Du kannst dich glücklich schätzen, daß es nicht noch schlimmer gekommen ist, denn Gott verlangt dir weniger ab, als es deinen Sünden angemessen wäre.« Worin hat Hiob gesündigt? Er gebrauchte seine geistigen Kräfte falsch, ließ zu, daß allgemeine Glaubensvorstellungen und Meinungen sein Bewußtsein trübten und die Waagschale nach der falschen Seite drückten. Hiob gerät in Schwierigkeiten, weil er sein Bewußtsein nicht zu beherrschen weiß.

Zofar glaubt, daß Gottes Wille die Ursache allen Geschehens sei; darüber hinaus könne nicht weiter nach dem Grund für Seine Handlungen geforscht, nicht gefragt werden, warum Er dieses getan und jenes nicht getan hat. »Versuche nicht, Gott zu verstehen. Das ist zuviel für dich. Akzeptiere einfach dein Unglück.« Diese Haltung ist typisch für das dreidimensionale objektive Bewußtsein, eine an den konkreten Tatsachen orientierte Einstellung, die es nicht wagt, an geheime Dinge zu rühren. Der weltlich und materialistisch orientierte Bewußtseinstyp ist geistigen Phänomenen gegenüber mißtrauisch und bekämpft von daher alle entsprechenden

Vorstellungen und Gedanken. Natürlich stimmt es, daß das begrenzte Bewußtsein des Menschen die Natur und das Wesen Gottes nicht völlig verstehen kann, denn Gott ist Unendliches Sein. *Die Tiefen Gottes willst du finden, bis zur Vollkommenheit des Allmächtigen vordringen?*

(8) *Höher als der Himmel ist sie, was machst du da? Tiefer als die Unterwelt, was kannst du wissen?*

Wir können zwar mit unserem begrenzten Bewußtsein nicht alles über Gott wissen, aber wir können viel darüber lernen, wie er in unserem eigenen Leben wirkt. Wir können lernen, daß der Unendliche Geist auf die Natur unserer Gedanken reagiert, daß wir das anziehen, was wir fühlen, daß wir das werden, was wir im Sinn haben, daß sich jede Vorstellung, die wir mit Gefühl und Begeisterung besetzen, in unserem Leben verwirklichen wird. Wir haben viel über unser Unbewußtes und seine Wirkungsweise zu lernen, und das Studium unserer inneren Natur und der Gesetze unseres Seins ist endlos.

12

Das Buch Hiob

KOMMENTARE ZU KAPITEL ZWÖLF

(1) *Da antwortete Ijob und sprach:* (2) *Wahrhaftig, ihr seid besondere Leute, und mit euch stirbt die Weisheit aus.*

Hiob gibt dem bombastischen und geschwätzigen Zofar eine ziemlich sarkastische Antwort, die in etwa besagt: Du denkst, du wüßtest alles, und das, was du sagst, soll der Weisheit letzter Schluß sein . . .

13

Das Buch Hiob

KOMMENTARE ZU KAPITEL DREIZEHN

---

(3) *Doch ich will zum Allmächtigen reden, mit Gott zu rechten ist mein Wunsch.* (4) *Ihr aber seid nur Lügentüncher, untaugliche Ärzte alle.* (5) *Daß ihr endlich schweigen wolltet; das würde Weisheit für euch sein.*

In diesem Kapitel klammert sich Hiob verzweifelt an seine Integrität (sein innerstes Wesen). Er will zum Allmächtigen reden und mit Gott rechten, doch seine Freunde (Körper, Geist und Gefühl), die »Lügentüncher«, sind davor. *Daß ihr* (Ängste, Meinungen, falsche Überzeugungen) *endlich schweigen wolltet!* Und das – dieser Zustand geistiger Ruhe und der Zuversicht in die Existenz Ihres Guts (Gott) – *würde Weisheit* (rechtes Handeln) *für euch sein*. Hiob erahnt den Kern des spirituellen Prozesses, das Geheimnis des Gebets, das darin besteht, Geist und Gemüt von falschen Überzeugungen und Glaubensvorstellungen zu reinigen, mit dem uns alles, was wir brauchen, zukommen wird. Wir müssen verstehen, daß wir bei der Arbeit mit dem spirituellen Gesetz nur das zu materieller oder konkreter Form bringen, was bereits existiert (als Idee, Gedanke, Same). Die

Sünde Hiobs bestand im wesentlichen in der Errichtung von Hindernissen, und so ist über ihn gekommen, was er gefürchtet hat.

(15) *Er mag mich töten, ich harre auf ihn; doch meine Wege verteidige ich vor ihm.*

Wie ein Naturwissenschaftler glaubt Hiob an die Möglichkeit der Realisierung seiner Idee; er setzt seine Suche nach der Letzten Ursache fort – dem Einen Gott, der seine Rettung sein wird.

14

Das Buch Hiob

KOMMENTARE ZU KAPITEL VIERZEHN

(1) *Der Mensch, vom Weib geboren, knapp an Tagen, unruhevoll,* (2) *er geht wie die Blume auf und welkt, flieht wie ein Schatten und bleibt nicht bestehen.* (3) *Doch über ihm hältst du dein Auge offen, und ihn bringst du ins Gericht mit dir.* (4) *Kann denn ein Reiner von Unreinem kommen? Nicht ein einziger.*

Hiob gesteht damit ein, daß er das Mysterium des Frevels (die Arbeitsweise des Geistes) nicht versteht. Alle jene, die mit den unbekannten Ängsten, dunklen Vorahnungen, falschen Überzeugungen usw. des kollektiven Bewußtseins der Menschheit leben, werden so lange Probleme und Schwierigkeiten haben, bis sie zur Gegenwart und Kraft Gottes in sich selbst erwachen und ihr Geistesleben und ihre Emotionen auf die an Gott orientierten Wege leiten. Alle von uns werden in eine Situation der Begrenztheit hineingeboren, das heißt, in die traditionellen Glaubensvorstellungen unserer Eltern und in all das, was unsere Umwelt ausmacht. Das Kind ist der geistigen Atmosphäre und dem emotionalen Klima seines Zuhauses ausgeliefert. Wir alle befinden uns in dem riesigen geistigen Meer, das man das kollektive Unbewußte oder den Geist der Menschen nennt, das ständig auf uns einwirkt, bis wir zur spirituellen Wahrheit erwachen und die Kontrolle und Verantwortung für unser geistiges und seelisches Bewußtsein selber übernehmen. Nur dann werden wir in einer neuen geistigen und spirituellen Welt wiedergeboren werden.

Sie sind vom Weib geboren (Überzeugungen, Gefühle und Vorurteile weltlicher Gesinnung), und Sie bleiben unruhevoll, solange Sie nicht zu Ihren spirituellen Fähigkeiten erwachen. Wenn Sie die Herrschaft über Ihren Geist übernehmen, dann werden Sie sofort aus Ihrem Bewußtsein alle falschen Glaubensvorstellungen, Ängste, allen Haß und Zank ausmerzen – und Krankheit und Leid werden verschwinden.

Ihr Bewußtsein verändern heißt, Ihre Welt verändern, und das tun Sie, indem Sie der Einen Spirituellen Kraft vertrauen. Mit dieser Kraft können Sie in Berührung kommen, indem Sie allen Glauben an Kräfte und Mächte außerhalb Ihres eigenen Bewußtseins ablehnen. Sie werden zu dem Schluß gelangen, daß Ihr Bewußtsein Gott in Relation zu Ihrer Welt ist und daß alle Ihre Erfahrungen Ihrem Bewußtsein entspringen, welches die Gesamtsumme Ihrer bewußten und unbewußten Überzeugungen und Glaubensvorstellungen darstellt.

15

Das Buch Hiob

KOMMENTARE ZU KAPITEL FÜNFZEHN

(6) *Dein eigener Mund verurteilt dich, nicht ich, deine Lippen zeugen gegen dich.* (7) *Bist du als erster Mensch geboren, kamst du zur Welt noch vor den Hügeln?*

Kopf hoch«, meint Elifas. »Beschwer dich nicht, schon andere haben so etwas durchgemacht, bevor du auf der Welt warst.« Die Reden des Elifas in Kapitel Fünfzehn sind banal, langweilig und belehrend. Er ist der Ansicht, Hiobs Schicksal sei nichts als gerecht, da Hiob gesündigt und sein Schicksal verdient habe. So sagt er zu Hiob: »Ist nicht groß deine Bosheit, ohne Ende dein Verschulden?«

(14) *Was ist der Mensch, daß rein er wäre, der vom Weib Geborene, daß er im Recht sein könnte?* (15) *Sieh doch, selbst seinen Heiligen traut er nicht, und der Himmel ist nicht rein vor ihm.* (16) *Geschweige denn ein Unreiner und Verderbter, ein Mensch, der Verkehrtes trinkt wie Wasser.*

Die marktschreierischen, bösartigen und bissigen Tiraden des Elifas sind dem inneren Selbst widerwärtig. Kein Wunder, daß Hiob in Kapitel Sechzehn, Vers Eins und Zwei erwidert: »Ähnliches habe ich schon viel gehört; leidige Tröster seid ihr alle.« Leidige Tröster, weil sie Hiob nicht die Bedeutung des Spruchs erklären können: *Ihr alle werdet genauso umkommen, wenn ihr euch nicht bekehrt.* Solange Sie nicht anderen Sinnes werden – sich einen neuen Begriff von Gott machen, das Leben neu interpretieren, auf neue Weise denken und auch dabei bleiben –, solange werden auch Sie dem Gesetz des Durchschnitts unterworfen sein, den Einflüssen des kollektiven Bewußtseins, die in unserem Geist ihren Gipfelpunkt erreichen und alle möglichen Schwierigkeiten und Probleme mit sich bringen. Wir müssen im Gebet bleiben und Überzeugungen aufrechterhalten, die den Glaubensvorstellungen des kollektiven Bewußtseins entgegenwirken. Der Ausdruck *sich bekehren* meint, auf neue Weise denken, zu Gott zurückkehren, Gottes Gedanken in Seinem Sinne denken.

16

Das Buch Hiob

KOMMENTARE ZU KAPITEL SECHZEHN

(14) *Auch ich könnte reden wie ihr, wenn ihr an meiner Stelle wäret, schöne Worte über euch machen und meinen Kopf über euch schütteln.*

Hiob meint damit, auch er könne hohl daherreden. Er ist der Erklärung überdrüssig, daß seine Leiden ihre Ursache in seiner Sündhaftigkeit hätten.

17

Das Buch Hiob

KOMMENTARE ZU KAPITEL NEUNZEHN

---

(16) *Rufe ich meinem Knecht, so antwortet er nicht; mit eigenem Mund muß ich ihn anflehen.* (17) *Mein Atem ist meiner Frau zuwider; die Söhne meiner Mutter ekelt es vor mir.* (20) *An Haut und Fleisch klebt mein Gebein, nur das Fleisch an meinen Zähnen blieb.* (21) *Erbarmt, erbarmt euch meiner, ihr, meine Freunde! Denn Gottes Hand hat mich getroffen.*

Als Antwort auf seinen verzweifelten Hilferuf empfängt Hiob gehässige und trügerische Argumente und Urteile, und er erkennt, daß sie nichts anderes sind als Gefasel der Art wie »Gott ist Liebe« und »Alles wird gut werden«. Ein wirklicher Ansatz fehlt. Aber Hiob kennt noch immer nicht die Wissenschaft und Arbeitsweise des Geistes.

Er ruft seinen Knecht (geistige Kräfte) und bekommt keine wirkliche Antwort. Seine geistige Einstellung ist noch nicht von Vertrauen in die Eine Spirituelle Kraft in seinem Innern geprägt. Sein Atem ist seiner Frau zuwider. Unsere »Frau« steht für das Ideal, mit dem wir uns auf geistiger Ebene verbinden und emotional vereinen wollen. Wie Hiob möchten Sie sich vielleicht mit der Idee von vollkommener Gesundheit verbinden oder vereinen. Um das zu erreichen, müssen Sie Gesundheit »fühlen«. Wenn Sie allmählich die Freude über die Tatsache überkommt, daß die Unendliche Heilende Kraft Sie jetzt in aller Vollkommenheit aufleben läßt, dann werden Sie das Gefühl von Gesundheit haben, und dieses Gefühl wiederum bewirkt Gesundheit, ganz so, wie das Gefühl von Reichtum Reichtum erzeugt.

Hiobs Atem (seine Lebenskraft und Enthusiasmus, sein Glaube und Vertrauen) sind noch nicht in seine Vorstellung oder sein Verlangen eingeflossen; er hat sich im Geiste noch nicht der Allmacht Gottes ergeben. Und so haben ihn sogar auch seine vertrauten Freunde – (14) *Meine Verwandten, Bekannten blieben aus, die Gäste meines Hauses haben mich vergessen* (Sicherheitsgefühl, Gesundheit, Friede) – insofern vergessen, als er unfähig ist, im Innersten an diese Eigenschaften Gottes zu glauben.

(25) *Doch ich, ich weiß: mein Erlöser lebt, als letzter erhebt er sich über dem Staub.*

Hiob spürt nun intuitiv, daß sein Erlöser (die Kraft und Gegenwart Gottes) existiert und daß sein Gewahrsein Des Geistes und Der Weisheit Gottes in ihm selbst und sein Vertrauen in Seine Antwort auf sein Gebet sich als letzte über den Staub erheben werden. Womit gemeint ist, daß er äußerlich (körperlich und in seiner Umwelt) das erfahren wird, was er im Innern fühlt und als wahr bekräftigt.

(26) *Ohne meine Haut, die so zerfetzte, und ohne mein Fleisch werde ich Gott schauen.*

Hiob spürt, daß sich etwas rührt und nach Materialisierung, nach Entäußerung strebt, so etwa wie wenn die Empfängnis eines Kindes stattgefunden hat, was aber mit den einfachen Sinnen noch nicht wahrnehmbar ist. Sie sollten zuversichtlich sein, daß Ihr Wunsch (Same) in Ihrem subjektiven Denken Wurzeln geschlagen hat, welches die Gegenwart und Kraft Gottes in sich birgt, und daß er in göttlicher Ordnung »aufgehen«, sich verwirklichen wird.

(27) *Ihn selbst werde ich dann für mich schauen; meine Augen werden ihn sehen, nicht mehr fremd. Danach sehnt sich mein Herz in meiner Brust.*

Hiob spürt allmählich, daß die religiösen Diskurse der Menschen keine praktikable Philosophie sind, sondern daß er selbst den Hebel ansetzen muß, damit ihn seine Ideale (seine Freunde, Brüder, seine Verwandten, Bekannten, seine Frau) nicht mehr als fremd ansehen. Hiob steckt noch immer in einem Bewußtseinsstadium, in dem er sich wie eine belagerte Stadt, wie ein Fremder unter Fremden fühlt. Die Grundwahrheit, daß Gott sein Bewußtsein ist, hat Hiob noch nicht erkannt und angenommen.

(28) *Wenn ihr sagt: Wie wollen wir ihn verfolgen und den Grund der Sache an ihm finden!*

Hiob macht gute Fortschritte, denn er ahnt, daß der *Grund der Sache* (seine Probleme) in ihm zu finden ist. (Ein negativer Zustand in seinem Unbewußten, der noch nicht durch wissenschaftliches Gebet bereinigt ist, was die geistige und emotionale Vereinigung mit den Eigenschaften und Merkmalen Gottes – seinem Erlöser – bedeuten würde.)

18

Das Buch Hiob

KOMMENTARE ZU KAPITEL ZWANZIG

(19) *Denn Arme schlug er nieder, ließ sie liegen, raubte das Haus, das er nicht gebaut.* (20) *Denn kein Genug kennt er in seinem Bauch, drum entkommt er nicht mit seinen Schätzen.*

Die in Vers Neunzehn erwähnten *Armen* stehen für Träume, Bestrebungen, die wir hatten, aber aus Mangel an Glauben und Vertrauen in unsere inneren und unsichtbaren Kräfte und Mächte dem Verhungern preisgaben.

Vers Zwanzig meint, Ihr emotionales Leben (Bauch) ist gestört, weil Sie es versäumt haben, Ihre Wünsche und Ambitionen zu verwirklichen.

19

Das Buch Hiob

KOMMENTARE ZU KAPITEL ZWEIUNDZWANZIG

(1) *Da antwortete Elifas von Teman und sprach:* (5) *Ist nicht groß deine Bosheit, ohne Ende dein Verschulden?* (6) *Du pfändest ohne Grund deine Brüder, ziehst Nackten ihre Kleider aus.* (9) *Witwen hast du weggeschickt mit leeren Händen, den Verwaisten Arme zerschlagen.* (10) *Deswegen liegen Fallstricke rings um dich her, und jäher Schrecken ängstigt dich.*

Elifas ist der Ansicht, daß Gott unparteiisch und gerecht sei; von daher sei es allein des Menschen Schuld, wenn er in Schwierigkeiten gerate. Aber Elifas begreift nicht den Kern und die Bedeutung spiritueller Sündhaftigkeit: nämlich die Lösung der Probleme im Äußeren zu suchen, statt daß man sich psychisch mit Gott identifiziert und die Realität dessen, um das man betet, empfindet und fühlt. Unsere *Gefühle* und *Überzeugungen* werden so unweigerlich zu den *Gewändern*, die wir tragen. Deshalb sollen Sie Ihr Wohl nicht auf Äußerlichkeiten gründen, sondern es im Innern oder am geheimen Ort suchen und beanspruchen, und was immer Sie beim Vorgang des Gebets verlangen und als wahr fühlen, das wird Der Geist bestätigen und verwirklichen. Dann werden Sie den Nackten (Ihren Wünschen) die Kleider (das bestimmte, das sichere Gefühl, daß Ihre Wünsche in Ihrem Bewußtsein »real« sind) nicht ausziehen.

Mit den *Witwen* sind die verlorenen Ideale gemeint, die aufgegebene Hoffnung auf ihre Verwirklichung. Diese Ideale hätten durch Glaube, Vertrauen und Liebe genährt und gestützt und so zur äußeren Existenz gebracht werden sollen. Wir können alles zum Vorschein bringen, was wir in unseren Glauben und unser Vertrauen (Gefühl) hüllen. Ihr Verlangen muß mit Ihrem Glauben verbunden werden. Sie sollen wissen, daß Ihr Verlangen Gott ist, der in Gestalt von Bedürfnissen (Ihr Brot) zu Ihnen kommt. Der entscheidende Test für all das besteht in der Herausforderung Ihres spirituellen Verständnisses. Gott ist Ihr Bewußtsein! Spüren Sie die Realität dieses metaphysischen Standpunkts? Tun Sie also nach dem Willen Des Vaters (fühlen Sie Gesundheit, Seligkeit, Fülle usw.), und der Rest wird zu seiner Zeit folgen, entsprechend dem Gesetz geistigen Annehmens, das Sie nun eingeleitet haben.

Mensch bedeutet in der Bibel der Geist, der alle Dinge mißt. Dieser Geist darf nicht länger, wie bereits erläutert, vom Weib (kollektives menschliches Bewußtsein, irrationale Stimmungen und Ängste) geboren sein. Wir werden eine Menge Schwierigkeiten bekommen, wenn wir nicht ganz eigenständig planen, wählen und lenken. Unser Geist ist gottgeboren, wenn Die Weisheit die Führung übernimmt und wir unseren spirituellen Standard auf das gründen, was wahr, schön, recht und zuträglich ist. Sie dürfen nicht länger einer aus der Herde sein, dem Gesetz des Durchschnitts unterworfen. Lassen Sie Ihren Geist und Ihr Gemüt von göttlichen Ideen beherrscht sein, dann werden Sie vom wahren Weibe geboren sein, der Weisheit oder Intuition.

(21) *Werde sein Freund, und halte Frieden! Nur dadurch kommt das Gute dir zu.* (22) *Nimm doch Weisung an aus seinem Mund, leg dir seine Worte ins Herz:* (23) *Kehrst du zum Allmächtigen um, so wirst du aufgerichtet. Hältst Unrecht deinem Zelt du fern,* (24) *wirfst in den Staub das Edelgold, zum Flußgestein das Feingold . . .*

Sie müssen sich mit der Tatsache anfreunden, daß es nur ein Schöpferisches Prinzip gibt. Sie sollen wissen, daß Ihnen, wenn Sie denken, daß die Eine Macht und Kraft auf Sie antwortet, und wenn Sie sich die große Wahrheit vor Augen halten, daß Die Höchste Macht und Kraft nun zu Ihren Gunsten wirkt, Erfolg und Triumph sicher sind. Wenn negative Gedanken oder widerstreitende Faktoren in Ihr Bewußtsein dringen, dann verweigern Sie sich Ihnen und rufen Sie sich ins Gedächtnis, daß dies nur Schatten des Geistes sind, daß ein Schatten kein wirkliches Heim hat. Es sind nur Trugbilder der Macht. Die wirkliche Macht liegt in Ihrem eigenen Denken und Bewußtsein. Angst, Zweifel und Besorgnis gaukeln Macht nur vor und können Ihnen nichts anhaben, es sei denn, *Sie* verleihen ihnen Macht.

Sie können sich auf ganz einfache Weise mit dieser Einen Kraft vertraut machen. Einer unserer Seminarteilnehmer beschloß, das Rauchen aufzugeben, und so sagte er jede Nacht vor dem Einschlafen: »Ich bin frei von dieser Gewohnheit, völlig frei durch die Kraft des Allmächtigen, der alle krankhafte Begierde hinwegnimmt.« Er wiederholte diesen Satz einige Male und schlummerte dann allmählich ein, wobei er das Wort *Freiheit* wie einen Schlafsingsang ständig wiederholte. Er wurde frei von jedem Bedürfnis nach Zigaretten. Er wurde mit seinen inneren Kräften vertraut. Sein Unbewußtes reagierte auf seine Gedanken, und als er ganz bewußt zur endgültigen Entscheidung gelangte, daß er diese Gewohnheit ablegen wollte, setzte die Kraft des Allmächtigen ein und durchströmte ihn in Reaktion auf seine Entscheidung.

Eine Schauspielerin war schon seit sechs Monaten arbeitslos. Sie stellte sich vor, wie sie mit dem Mikrophon in der Hand sang, fühlte die Realität dieser Szene, schenkte ihr alle Aufmerksamkeit und Hingabe, bis sie von diesem geistigen Bild ganz und gar fasziniert und gefesselt war. Nachdem ihr Geist von dem Gedanken gefangengenommen war, war sie es auch emotional, und sie schlief ein mit dem Gefühl, den Vertrag in der Hand zu halten. Dies wiederholte sie etwa eine Woche lang jede Nacht. Ganz plötzlich dann wollte sie nicht mehr darum beten, aus einem einfachen Grund: Sie hatte den Wunsch mit Erfolg ihrem Unbewußten eingepflanzt. Ihre Vorstellung hatte sich verdichtet und gefestigt; sie hatte diese Gedanke um Gedanke, Bild um Bild, Gefühl um Gefühl bis zur inneren Verkörperung aufgebaut.*

Thoreau sagte, daß ein Mensch alles, was er will, in sein Leben einbringen kann, wenn er sich ein Bild davon macht und es mit Glauben erfüllt. Glaube ist ganz einfach das Gewahrwerden dessen, daß das, wofür ich bete, bereits existiert; die bloße Tatsache, daß Sie danach verlangen, beweist seine Existenz. Wenn Sie sich allmählich mit dieser Kraft vertraut machen, werden Sie entdecken, daß Gott Ihnen antwortet, wenn Sie Ihn anrufen; wenn Sie um das rechte Handeln beten, dann werden Sie eine Reaktion erfahren und ein tiefes inneres Wohlgefühl. Ein allwissendes Wesen wird übernehmen und Sie dazu drängen, daß Sie sich hervortun und bewähren.

(23) *Kehrst du zum Allmächtigen um, so wirst du aufgerichtet.*

Dies bedeutet, daß die Gegenwart und Kraft Gottes in Ihnen immer antwortet und reagiert; wenn Sie mehr Energie wünschen, eine Heilung oder was es sonst sei; diese Kraft und Allmacht, die die Welt bewegt, wird Sie wieder gesunden lassen oder zufriedenstellen, je nach Natur Ihrer Bitte. Einstein sprach davon, wie er Antworten aus seinem tieferen Bewußtsein erhielt: »Ich lauschte auf eine Antwort, spürte jedem bißchen Hinweis nach, jedem bißchen Licht, jedem winzigen roten Faden und merkte allmählich, daß sich diese Fäden aus

---

* Siehe auch das Kapitel über Imagination und Erfolg in Dr. Joseph Murphy, *Believe in Yourself*

Gedanken und Inspiration zusammenwoben, und, während ich weiterhin lauschte, zu einem Muster in meinem Geist wurden, und ich hatte die Antwort, ich hatte die Formel.«

(28) *Beschließt du etwas, dann trifft es ein, und Licht überstrahlt deine Wege.* (29) *Wer hochmütig redet, den duckt er, doch hilft er dem, der die Augen senkt.*

Wenn Sie deprimiert sind, dann kehren Sie um zum Allmächtigen und bekräftigen Sie, daß Gott mit Ihnen ist. Beschließen Sie kühn, daß der Allmächtige Gott Ihr stiller Partner ist, Ihr unsichtbarer Freund, daß er Ihr göttlicher Begleiter ist und daß er sich Ihrer annimmt. Sie sind deprimiert, unglücklich oder entmutigt, weil Sie sich psychisch von Gott entfernten, sich an die Peripherie des Lebens begaben und die Schatten einließen. Je näher Sie bei Gott sind, desto kürzer sind die Schatten, desto mehr Licht ist in Ihrem Bewußtsein. Anstatt in Trübsal zu leben, sollen Sie beschließen: »Ich lebe mit Gott!«

In vielen Nervenheilanstalten bietet man den Depressiven Beschäftigungstherapien an, man läßt sie Körbe flechten, Ledertaschen herstellen, usw. Viele dieser Menschen erfahren dabei eine wunderbare Heilung, weil diese konstruktive Arbeit sie aus ihrer Morbidität herausholt und zu Ausdruck und Kreativität führt. Sie tun etwas für andere und setzen zugleich ihre verborgenen Talente frei.

20

Das Buch Hiob

KOMMENTARE ZU KAPITEL DREIUNDZWANZIG

(8) *Aber gehe ich nun stracks vor mich, so ist er nicht da; gehe ich zurück, so spüre ich ihn nicht;* (9) *ist er zur Linken, so schaue ich ihn nicht; verbirgt er sich zur Rechten, so sehe ich ihn nicht.**

Hiob erkennt hier höhere Wahrheiten; *zur Linken* meint die subjektive, innere Bewußtheit oder das Unbewußte, das auf unser Gebet reagiert. Sie sehen nicht die Arbeitsweise Ihres tieferen Bewußtseins, und Sie wissen nicht, wie das Gebet beantwortet werden wird; das ist das Geheimnis des Unbewußten oder inneren tieferen Bewußtseins, des schöpferischen Mediums oder Gottesgesetzes in Ihnen. Das Unbewußte ist nicht Gott, aber es ist ein Teil Gottes oder des Gesetzes, das auf unsere Vorstellung oder geistige Akzeptanz reagiert.

Beim Gebetsvorgang sehen Sie zwar den Anfang und das Ende, aber nicht den schöpferischen Entfaltungsprozeß. Sie pflanzen einen Samen in die Erde, können aber nicht beobachten, wie er wächst. Eine Eichel wird zur Eiche gemäß einer dem Samen innewohnenden subjekti-

* In der Übersetzung von Martin Luther.

ven Weisheit. Sie können das Wachstum einer in Ihnen aufkeimenden Idee nicht sehen, wissen aber, daß sie über ihren eigenen Plan und ihre eigene Ausdruckskraft verfügt, über ihre eigene Mathematik und Mechanik. Sie nähren nur Ihren Samen (Idee, Wunsch) und geben ihm Wasser durch Kontemplation und die Vorstellung von einem glücklichen Ausgang oder einer wunderbaren Erfüllung.

Zur Rechten in Vers Neun meint die Verwirklichung Ihres Wunsches.

(10) *Doch er kennt den Weg, den ich gehe; prüfte er mich, ich ginge wie Gold hervor.*

Hiob fühlt seine essentielle spirituelle Integrität; er wird hervorgehen *wie Gold* (spirituelle Realität).

21

Das Buch Hiob

KOMMENTARE ZU KAPITEL VIERUNDZWANZIG

(1) *Warum sind von dem Allmächtigen nicht Zeiten vorbehalten, und warum sehen, die ihn kennen, seine Tage nicht?* (2) *Man verrückt die Grenzen, raubt die Herde und weidet sie.**

Z*eiten* meint hier den Zyklus oder die Entwicklungsphase von der keimenden Idee bis zur manifesten Form, die Ihrem tieferen Bewußtsein bekannt ist. *Tage* steht für die positiven Auswirkungen oder größeren Ziele. Solange Sie für die Wahrheiten des Seins nicht zugänglich sind, wissen Sie insofern nichts über die *Zeiten*, als Sie nehmen müssen, was kommt. Nicht so aber, wenn Sie meditieren, beten und sich von Gottes Weisheit leiten, lenken und auf allen Wegen behüten lassen.

Sie wissen, was Sie zu erwarten haben, wenn Sie regelmäßig und systematisch wunderbare Samen (Gedanken) des Friedens, der Gesundheit, des Glücks, der Freude, des guten Willens und Humors in Ihr Bewußtsein pflanzen. Die Zukunft ist immer die er-wachsene

* In der Übersetzung von Martin Luther.

Gegenwart; unsere unsichtbaren Gedanken werden in Erfahrungen und Ereignissen sichtbar. Wenn Sie über Dinge meditieren, die schön und zuträglich sind, dann können Sie sich einer wunderbaren Zukunft sicher sein. Die Ursache ist Ihr geistiges Handeln, die Wirkung ist die automatische Reaktion Ihres Unbewußten, Gesetz genannt.

Sie verrücken die in Vers Zwei erwähnten *Grenzen*, wenn Sie sich den Ideen verweigern, die Sie in Knechtschaft halten. Ihre geistige Vorstellung, Ihre echte Selbsteinschätzung bestimmen den Bewußtseinszustand oder das Haus, das Sie bewohnen. Ändern Sie Ihre Vorstellung von sich selbst und Sie ändern Ihr Schicksal.

22

Das Buch Hiob

KOMMENTARE ZU KAPITEL FÜNFUNDZWANZIG

(1) *Da antwortete Bildad von Schuach und sprach:* (2) *Herrschaft und Schrecken sind bei ihm, der Frieden schafft in seinen Höhen.* (3) *Kann man seine Scharen zählen, und über wem erhebt sich nicht sein Licht?* (4) *Wie wäre ein Mensch gerecht vor Gott, wie wäre rein der vom Weib Geborene?* (5) *Siehe, selbst der Mond glänzt nicht hell, die Sterne sind nicht rein in seinen Augen,* (6) *geschweige denn der Mensch, die Made, der Menschensohn, der Wurm.*

Der Mensch gleicht insofern und dann einem Wurm, wenn er auf der Erde herumkriecht, als Opfer der Umstände und äußeren Bedingungen, als Gefangener der Angst, des Mangels und der Begrenztheit. Doch er ist geboren, um sich aufzuschwingen und über alle Probleme zu erheben, seine Flügel der disziplinierten Vorstellungskraft und des Glaubens zu gebrauchen und seine Schwierigkeiten positiv zu transzendieren. Nie dürfen Sie Ihrem Geist gestatten, vor den Fakten und Ereignissen des Lebens zu kriechen, sondern im Triumph sollen Sie sich erheben, sich das erwünschte Ziel bildhaft vorstellen und voller Glaube, Vertrauen und Zuversicht darauf zusteuern, und dies wird Ihnen neues Leben und Glück bringen.

Der Adler ist ein Vogel, der über den Stürmen schwebt und direkt ins Angesicht der Sonne blickt; dieses Symbol soll Sie daran erinnern, auf Gott oder die Sonne Ihres Lebens zu schauen und sich in die Kontemplation einer göttlichen Lösung durch die Weisheit des Allmächtigen zu versenken. *Wie ich euch auf Adlerflügeln getragen und hierher zu mir gebracht habe.*

Psychologisch gesehen hat Bildad recht, denn Hiob ahnt allmählich, daß der Mensch ambivalent sein wird, Herrschaft und Schrecken in sich vereinen kann, und daß er nur wie ein Wurm ist, wenn er sein Einssein mit Gott nicht begreift. Bildads Dilemma ist bezeichnend. Wie kann der (nicht erleuchtete) Mensch vor Gott gerecht sein? Oder wie kann der vom Weib Geborene (empfänglich für Gefühle von Angst, Haß, Eifersucht usw.) rein (im Geiste) sein, wenn sich sein Unbewußtes mit den negativen Eindrücken der Meinungen, Unwissenheit und Falschheiten der irdischen Welt füllt?

23

Das Buch Hiob

KOMMENTARE ZU KAPITEL SECHSUNDZWANZIG

(1) *Da antwortete Ijob und sprach:* (2) *Wie hilfst du doch den Schwachen auf, stehst du bei dem kraftlosen Arm!* (14) *Siehe, das sind nur die Säume seines Waltens; wie ein Flüstern ist das Wort, das wir von ihm vernehmen. Doch das Donnern seiner Macht, wer kann es begreifen?*

Hiob sehnt sich nun danach, sich über den allgemein menschlichen (wurmgleichen) Bewußtseinszustand zu erheben, und er möchte das Geheimnis ergründen, wie *dem kraftlosen Arm* beigestanden werden kann. In Vers Vierzehn fühlt Hiob, daß er nur einen Teil von Gottes Wegen kennt – doch das *Donnern* (Handlungen) Seiner Macht, wer kann es begreifen?

Hiob fängt jetzt allmählich Feuer bei seinem Nachsinnen über die Bewegungen Des Geistes in seinem Innern. Er hat nun das Gefühl, daß das Erkennen von *Alpha* die Phase hin zu *Omega* (Manifestation) einleiten wird. *Alpha* bedeutet Ihr Verlangen oder die Stimme Gottes; zu erkunden, wie eine solche Manifestation sich ereignet, das steht dem Menschen nicht zu. Wir müssen lernen, die Realität des erfüllten Wunsches zu fühlen, um ihn in der Dimension des Raumes zu erleben. Ihr Wunsch muß mit Ihrem Gefühl verbunden werden, erst dann erfolgt eine Verkörperung im Unbewußten, die die Beantwortung Ihres Gebets nach sich zieht.

24

Das Buch Hiob

KOMMENTARE ZU KAPITEL ACHTUNDZWANZIG

(1) *Wohl gibt es einen Fundort für das Silber, eine Stätte für das Gold, wo man es läutert.* (2) *Eisen holt man aus der Erde, Gestein wird zu Kupfer geschmolzen.* (6) *Fundort des Saphirs ist ihr Gestein, und Goldstaub findet sich darin.* (7) *Kein Raubvogel kennt den Weg dahin; kein Falkenauge hat ihn erspäht.*

In diesen Versen wird Ihnen von *Gold* und *Saphiren* berichtet, die in Ihren Tiefen verborgen liegen. Es ist Ihr tieferes Bewußtsein, das die unermeßlichen Schätze des Unendlichen birgt, die Kostbarkeiten der Ewigkeit, wie Grenzenlose Weisheit, Unbeschreibliche Schönheit, Absolute Liebe, Absolute Harmonie, Unendliche Intelligenz und Absolute Seligkeit. *Was kein Auge gesehen und kein Ohr gehört hat, was keinem Menschen in den Sinn gekommen ist: das Große, das Gott denen bereitet hat, die ihn lieben.*

Nie können sich die Herrlichkeit und Schönheit, die in uns sind, erschöpfen. Schauen Sie die unermeßlichen Wunder in Ihnen, und Sie werden von einer mystischen Ehrfurcht und Staunen ergriffen werden.

In Vers Sieben heißt es: *Kein Raubvogel kennt den Weg dahin*, womit das Wesen der unermeßlichen Weisheit in Ihnen gemeint ist. Die innere Weisheit hat Wege, von denen Sie nichts wissen, und sie antwortet Ihnen auf unerwartete Weise. Die ganze Welt mag Ihnen sagen, daß Ihr Plan unmöglich auszuführen sei, aber die innere grenzenlose Weisheit weiß den Weg und enthüllt den perfekten Plan. In Ihnen existiert eine Weisheit, die die allen bekannte instinktive Weisheit aller Vögel und Tiere übertrifft: die Weisheit des Unendlich Wissenden. Sie müssen nur vertrauen und glauben, und die Antworten steigen auf wie die Sonne am Morgen.

(12) *Die Weisheit aber, wo ist sie zu finden, und wo ist der Ort der Einsicht?* (13) *Kein Mensch kennt die Schicht, in der sie liegt; sie findet sich nicht in der Lebenden Land.* (15) *Man kann nicht Feingold für sie geben, nicht Silber als Preis für sie wägen.* (19) *Der Topas von Kusch kommt ihr nicht gleich, und reinstes Gold wiegt sie nicht auf.* (20) *Die Weisheit aber, wo kommt sie her, und wo ist der Ort der Einsicht?* (28) *Doch zum Menschen sprach er: Seht, die Furcht vor dem Herrn, das ist Weisheit, das Meiden des Bösen ist Einsicht.*

Das Größte aller Dinge in der Welt ist Weisheit. Besäße der Mensch Weisheit, dann bräuchte er nicht Reichtum, Gesundheit oder Seelenfrieden, er wüßte um seine Erfüllung. Weisheit ist mehr als eine Heilung, denn wenn wir Weisheit hätten, müßten wir nicht geheilt werden. Sie sind weise, wenn Sie sich der Gegenwart und Kraft Gottes in Ihrem Innern und Ihrer Fähigkeit gewahr sind, mit unendlichen Schätzen in Berührung zu kommen und sie zum Bestandteil Ihrer Erfahrung und Lebensbedingungen zu machen. Sie besitzen Weisheit, wenn Sie wissen, daß Gedanken Dinge sind, daß Sie das anziehen, was Sie fühlen, daß Sie das werden, was Sie im Sinn haben, das erschaffen, was Sie sich bildlich vorstellen und fühlen.

Weisheit übersteigt den Intellekt. Letzterer wird eingesetzt, um die Gebote des Göttlichen auszuführen, Weisheit aber ist die Gegenwart Gottes in Ihnen. Sie ist die Heilende Kraft. Weisheit weiß und sieht alles. Sie kennt alle Prozesse und Funktionen Ihres Körpers und weiß genau, wie Sie zu heilen sind. Wenn Sie im Geschäftsleben stehen, dann können Sie die Unendliche Weisheit um neue kreative Ideen, um Führung und Gedeihen bitten, und wenn Sie ganz einfach darauf vertrauen und glauben, daß sie antworten wird, werden Sie ein Tausendfaches erhalten.

Die Furcht vor dem Herrn, das ist Weisheit. Das Wort Furcht meint Ehrerbietung und gesunden Respekt vor der Macht Gottes im Innern, Ihr die oberste Treue zu halten und keine andere Macht anzuerkennen. Sie sollen wissen, daß diese Macht, die die Welt bewegt, Sie unterstützt, und zwar unter keiner anderen Bedingung als der, daß Sie fröhlich, optimistisch und freudig Gottes Weisheit im Innern anrufen. Sie werden großzügig bedacht werden, weit über Ihre liebsten Träume hinaus. Sie besitzen Weisheit, die so Kostbare Perle, wenn Sie sich vollkommen auf Den Geist im Innern verlassen, im Wissen, daß, da Gott die Antwort kennt, auch Sie die Antwort kennen müssen. Diese geistige Einstellung wird aus den tiefen Schichten Ihres Bewußtseins spontan die Freude des beantworteten Gebets hervorrufen.

Ergeben Sie sich in Die Weisheit Gottes und bekräftigen Sie kühn: »Gott führt, lenkt und geleitet mich zum Gedeihen aller meiner Unternehmungen. Ich gründe meinen Erfolg, mein Glück und alle meine Errungenschaften auf die Anerkennung der Tatsache, daß Die Weisheit vor allem anderen regiert.«

Zu Ihrer Überraschung werden Sie entdecken, daß Sie über Scharfsinn und erstaunliche Klugheit verfügen, die Sie dazu befähigen, Ordnung, Symmetrie, Schönheit und Ausgewogenheit in alle Angelegenheiten Ihres Lebens zu bringen. Sie werden bei allen Ihren Vorhaben automatisch geführt und beschützt werden, und Sie werden ungeheure Möglichkeiten erkennen, wo andere nichts sehen.

Weisheit bedeutet, Sie haben entschieden, daß Gott in Seiner Unendlichen Güte Ihr Leben beherrscht und Ihr Manager, Berater, Führer und Freund ist. Sie besitzen Weisheit, wenn Sie Gott Ihren Liebenden Vater sein lassen, der für Sie sorgt und seine wohltätigen Strahlen der Liebe und des Lichts über Sie ergießt, ob Sie nun wachen oder schlafen. Wenn Ihre Gedanken wahr und im Sinne Gottes sind, dann erzeugen Sie Liebe in Ihrem Herzen, das der Kelch Seiner Liebe ist. Wenn Ihre Emotionen und Gefühle (Natur) von Gottes Gedanken beherrscht sind, dann sind Sie im Frieden mit der Welt.

Wenn Sie für Ihre Mutter oder Ihr Gefühl Liebe haben, dann ist Ihr Herz voller Verstehen und Einsicht.

Sie unterstehen dem Gesetz der Liebe. Stellen Sie sich auf den Standpunkt: Gott ist Liebe, und Liebe ist die Erfüllung Des Gesetzes. Kürzlich erzählte mir ein Mann, daß ihn sein Arbeitgeber verleumdet und beschimpft hätte; er war sehr verbittert und voller Haß und sagte, die Habgier und Falschheit seines Chefs kenne keine Grenzen. Dieser Mann war durch den Haß auf seinen Arbeitgeber geistig und physisch krank. Er fing an, Weisheit zu erwerben, was nichts mit einer erweiterten Kenntnis von Fakten und Formeln zu tun hat, sondern mit dem inneren Wirken eines Unendlichen Lebensprinzips. Er erkannte, daß er die Macht hatte, seine geistigen Reaktionen am Gesetz von Harmonie und Frieden zu orientieren; ihm wurde klar, daß die Behauptungen oder die Kritik seines Chefs ihm nur über das Medium seines eigenen Denkens etwas anhaben konnte. So übernahm er die Kontrolle über und Verantwortung für seine Gedanken und richtete sie am Gesetz der Liebe und an der Goldenen Regel aus, und seine Heilung folgte.

Er identifizierte sich mit seinem Lebensziel und weigerte sich, irgendeiner Person, irgendwelchen Bedingungen oder Umständen die Macht oder das Vorrecht einzuräumen, ihn von seinem Ziel abzubringen. Er machte es sich zur Gewohnheit, sich mit seinem Ziel zu identifizieren, das Friede, Gelassenheit, Heiterkeit, Freude und Harmonie war. Dieser Vorgang wird als das

Wirken der Weisheit Gottes im Menschen bezeichnet. Gottes Liebe in Ihnen verwandelt alles, was Ihren Geist und Ihr Gemüt berührt, in Liebe; deshalb steht geschrieben, daß *Gott bei denen, die ihn lieben, alles zum Guten wendet*.

25

Das Buch Hiob

KOMMENTARE ZU KAPITEL NEUNUNDZWANZIG

(1) *Dann setzte Ijob seine Rede fort und sprach:* (2) *Daß ich doch wäre wie in längst vergangenen Monden, wie in den Tagen, da mich Gott beschirmte,* (3) *als seine Leuchte über meinem Haupt erstrahlte, in seinem Licht ich durch das Dunkel ging.* (4) *So, wie ich in den Tagen meiner Frühzeit war, als Gottes Freundschaft über meinem Zelte stand,* (5) *als der Allmächtige noch mit mir war, meine Kinder mich umgaben,* (6) *als meine Schritte sich in Milch gebadet, Bäche von Öl der Fels mir ergoß.*

Hier spricht Hiob vom Geheimnis der Freude. Sie können sich Ihre Jugend wieder holen, wenn Sie die Gabe Gottes in sich erwecken. Jedesmal wenn Sie den Inneren Geist als Allmächtigen Herrn anerkennen und der Kraft der falschen Überzeugungen in der Welt abschwören, erwecken Sie die innere Gabe Gottes. Sie können nun fühlen, wie die Wunderbare, Heilende, Selbsterneuernde, Ewig Lebendige Kraft Gottes Körper und Geist durchströmt. Spüren und wissen Sie, daß Gott Sie inspiriert, verjüngt und stärkt. Wenn Sie fortfahren, diese Wahrheiten vom Standpunkt des Unendlichen zu bekräftigen, dann werden Sie spirituell, geistig und physisch mit neuer Energie aufgeladen und belebt. Sie mögen vor Begeisterung und Freude übersprudeln wie in den Tagen Ihrer Jugend, aus einem einfachen Grund: Sie können diesen freudigen Zustand geistig und emotional immer wieder herstellen.

Die *Leuchte*, die über Ihrem Haupt erstrahlt, ist der Göttliche Geist, der Ihnen alles enthüllt, was Sie wissen müssen, und Sie dazu befähigt, *die Existenz*, Ihr Wohlergehen, unabhängig vom äußeren Anschein, zu bekräftigen. Wo Mangel ist, da können Sie Fülle sehen, denn das Licht ist in Ihrem Geist, und Sie sind hier, um dieses Licht über allen Ihren Unternehmungen erstrahlen zu lassen. Wo Leid ist, da können Sie Freude sehen; wo Chaos und Unordnung sind, da können Sie vor Ihrem geistigen Auge die über allem herrschende Ordnung Gottes intuitiv erkennen und wahrnehmen. Wenn sich Vorstellungen von Unvermögen und Ohnmacht oder andere behindernde Gedanken in Ihr Bewußtsein einschleichen, dann sehen Sie über das hinaus auf die göttliche Lösung, im Wissen, daß die Wunderbare Kraft nun am Wirken ist und Sie zum Ort Ihrer Vision führt. Der Intellekt mag die Antwort nicht finden, aber Ihr Gewahrwerden des Schöpferischen Geistes in Ihnen ist Das Licht, das Sie hochhalten. Dieses Licht wird Ihren Schritten immer leuchten und Sie durch das Dunkel führen; Seine Leuchte ist Gottes Weisheit, die Ihren Intellekt salbt, alle dunklen Orte in Geist und Gemüt erhellt, Ihnen den perfekten Plan enthüllt und den Weg zeigt, den Sie gehen sollten. Sie gehen in Seinem Licht, weil Sie wissen, daß die Morgendämmerung heraufzieht und alle Schatten weichen.

(14) *Ich bekleidete mich mit Gerechtigkeit, wie Mantel und Kopfbund umhüllte mich mein Recht.*

Sie richten und urteilen immer; Ihr *Urteilen* beinhaltet Ihre Gedankengänge, Entscheidungen, Schlußfolgerungen. Wenn Sie sich für das entscheiden, was edel, schön und im Sinne Gottes ist, dann urteilen Sie wahr. Das Gesetz unseres Unbewußten reagiert immer und automatisch auf unsere bewußte Entscheidung. Ihr Urteil muß sein wie der Mantel oder Die Wahrheit. *Kopfbund* meint hier, daß Sie dort, wo das Problem oder die Schwierigkeiten sind, Schönheit, Ordnung, Symmetrie und Verhältnismäßigkeit erkennen und herstellen.

Wenn Ihr Vater erkrankt ist und Sie ihn vor sich krank sehen und hoffen, daß es ihm bald besser geht, dann ist Ihr Urteil falsch. Wenn Sie in ihm die Gegenwart Gottes sehen und wissen, daß Die Heilende Kraft in diesem Moment jedes Atom seines Seins durchdringt und erfüllt und daß der Friede Gottes seinen Geist und Körper durchströmt, dann ist Ihr Urteil wahr, *umhüllt Sie wie Mantel und Kopfbund Ihr Recht*. Wenn Sie weiterhin diese geistige und spirituelle Atmosphäre von Gesundheit, Friede und Vollkommenheit um Ihren Vater fühlen, dann sehen Sie ihn so, wie er sein soll, strahlend, glücklich und frei.

Sie bekleiden sich mit Gerechtigkeit, wenn Sie recht denken, fühlen, handeln und die richtige Beziehung zu Gott haben. Sie bekleiden sich mit dem Gewand der

Gerechtigkeit, wenn Sie bekräftigen, daß Göttliche Ordnung und Göttliches Rechtes Geschehen nun einsetzen, denn diese Ordnung ist des Himmels erstes Gesetz.

Erwecken Sie in sich das Gefühl, mit Ihrem Verlangen eins zu sein, und besiegeln Sie diese Überzeugung; Sie sind nun mit Gerechtigkeit bekleidet: Wie Mantel und Kopfbund umhüllt Sie Ihr Recht!

(15) *Auge war ich für den Blinden, dem Lahmen wurde ich zum Fuß.*

Im biblischen Sinn sind Sie *blind*, wenn Sie behaupten, Ihr Problem nicht lösen zu können oder daß es keinen Ausweg aus Ihrem Dilemma gibt. Ihr spirituelles Bewußtsein verhilft Ihnen zu dem Wissen, daß ein verändertes Bewußtsein Bedingungen und Umstände verändert und daß Sie, ganz gleich, um welches Problem oder welche Schwierigkeiten es sich handelt, die erstrebte Lösung visualisieren, mit inneren Augen sehen können. Und wenn Sie weiter in dieser geistigen Atmosphäre verweilen, dann zieht die Morgendämmerung auf, und die Schatten weichen. Das Licht des Göttlichen Geistes scheint in Ihnen, leitet Sie und enthüllt Ihnen den perfekten Plan. Sie sind *lahm*, wenn Sie sich fürchten, weiter auf Ihr Ziel zuzugehen. Viele Menschen zögern, bleiben stehen und ziehen sich zurück, wenn sie mit Hindernissen und Rückschlägen konfrontiert werden.

Füße symbolisieren Verstehen und Einsicht; und Sie werden *dem Lahmen zum Fuß*, wenn Sie fest auf dem Fels Der Wahrheit stehen, im Wissen, daß das, was Sie akzeptieren und geistig bejahen, auch eintreten wird. Bleiben Sie auf diesem Fels und weigern Sie sich, schwankend zu werden, herabzusteigen oder sich in Angst versetzen zu lassen. Ihre Position ist unanfechtbar, und der Sieg ist Ihnen gewiß, denn nach Ihrem Glauben (geistige Akzeptanz) wird Ihnen geschehen.

Der Innere Schöpferische Geist ist Das Licht, das jedem Menschen leuchtet, der in die Welt kommt. Dieses Licht in Ihrem Geist bestimmt, was Sie sehen, und immer werden Sie ungeheure Möglichkeiten für sich und andere sehen.

26

Das Buch Hiob

KOMMENTARE ZU KAPITEL EINUNDDREISSIG

(1) *Einen Bund schloß ich mit meinen Augen, nie eine Jungfrau lüstern anzusehen.* (2) *Was wäre sonst mein Teil von Gott dort oben, mein Erbe vom Allmächtigen in der Höhe?* (3) *Ist nicht Verderben dem Frevler bestimmt und Mißgeschick den Übeltätern?* (4) *Sieht er denn meine Wege nicht, zählt er nicht alle meine Schritte?* (5) *Wenn ich in Falschheit einherging, wenn zum Betrug mein Fuß eilte,* (6) *dann wäge Gott mich auf gerechter Waage, so wird er meine Unschuld anerkennen.*

Hiob rätselt noch immer über die Hintergründe seines Unglücks. Hier hat er tatsächlich eine harte Lektion zu lernen. Noch weiß er nicht, daß sein Unbewußtes »die Person nicht ansieht«, und daß er, wenn er sich im Bett seines Geistes mit bösen Gedanken und destruktiven Vorstellungen paart, eine üble Nachkommenschaft zeugt. Hiob muß die alte Glaubensvorstellung vom Baum des Guten und des Bösen (zwei Kräfte oder Dualität) völlig aufgeben und sich mit der Einen Kraft vertraut machen, die sich kraft Gesetz ebenbildlich darin manifestiert, was durch das unerleuchtete Bewußtsein in sie eingepflanzt wurde.

(9) *Wenn sich mein Herz von einer Frau betören ließ und ich an der Tür meines Nachbarn lauerte.*

Hiobs Fehler bestanden bei genauer Betrachtung nicht in äußerlichen Vergehen, sondern in der inneren Unkenntnis Gottes, der Quelle seiner Integrität. Noch hat er die Wahrheit nicht erkannt. So muß Hiob psychisch sterben, zu einem Punkt oder Ort im Bewußtsein gelangen, an dem sein geistiges Bewußtsein aufhört, sich im Hamsterkäfig der bloßen Meinungen und Besorgnisse abzustrampeln, sondern still wird in Gott und empfänglich für Seine Weisheit. Hiob muß lernen, den Unendlichen Geist führen, leiten und sein Leben meistern zu lassen.

(19) . . . *wenn ich den Verlorenen sah, ohne Kleid, und ohne Decke den Verarmten,* (20) *wenn nicht seine Lenden mir dankten, er nicht von der Schur meiner Lämmer sich wärmte.*

Hiob mag *die Bedürftigen* in seiner geographischen Nachbarschaft mit der Schur seiner Lämmer gewärmt haben; aber psychologisch und spirituell gesehen versäumte er es, seine Ideale und Wünsche in glücklichem Gefühl *zu wärmen.* Diese Ideen und Vorstellungen waren tatsächlich durch mangelnde Wärme aus der Schur seiner Lämmer (freudiges Gefühl und Erwartung des Besten) zum Erfrieren bestimmt. Er erwies sich als schlechter Hirte seiner Lämmer (Gefühle und Stimmungen).

Hiob sagt, daß er die Verlorenen und Verarmten immer gekleidet hat. Solche Sprüche können Sie überall hören: »Ich habe immer den Armen gegeben und wohltätigen Vereinen gespendet. Ich gehe regelmäßig in die Kirche. Ich war stets freundlich zu den Leuten ...« usw. Sie müssen daran denken, daß diese Menschen vergessen haben, die Wünsche, Ideale und Bestrebungen ihrer eigenen Herzen zu bekleiden. Sie unterließen es, den spirituellen Werten des Lebens Aufmerksamkeit, Liebe und Hingabe zu widmen, oder sie ehrten nicht den Einen Wahren Gott.

Viele gute Menschen sind in dem Sinn gut, daß sie ihren Beitrag zur Gesellschaft leisten und unter weltlichen Gesichtspunkten ein anständiges Leben führen, ihre Beziehung zu Gott aber kann ausgesprochen unfreundlich sein. So mögen sie in ständiger Furcht vor Rückschlägen leben oder davor, daß Gott sie für ihre Sünden bestrafen wird, oder heimliche Ängste, Eifersucht- und Haßgefühle hegen. Sie müssen die Eigenschaften und Aspekte Gottes ehren, lieben und lebendig werden lassen. Die Waisenkinder und die Witwen befinden sich in Ihrem Innern, wenn Sie nicht die innigsten Träume Ihres Herzens gepflegt und gehegt, Ihren inneren Bedürfnissen und Bestrebungen kein gastliches geistiges Zuhause gegeben haben.

(24) *Wenn ich auf Gold meine Hoffnung setzte, zum Feingold sprach: Du meine Zuversicht!*

Hiob hätte seine Hoffnung auf das Gold der Weisheit, statt auf das Gold des Intellekts setzen sollen.

(27) ... *wenn heimlich sich mein Herz betören ließ und meine Hand dem Mund zum Kuß sich bot.*

Hiob hätte nicht in stolzer Selbsttäuschung seine *Hand*

dem Mund zum Kuß bieten, sondern sein Verlangen nach vollkommener Gesundheit »küssen«, das heißt, sich damit geistig vereinen sollen. Lesen Sie in diesem Zusammenhang Psalm 2,12. *Küsset den Sohn* (mit Ihrem Ideal eins werden), *daß er nicht zürne und ihr umkommet auf dem Wege; denn sein Zorn wird bald entbrennen. Aber wohl allen, die auf ihn trauen!**

(40) *Sollen Dornen wachsen statt Weizen, statt Gerste stinkendes Kraut. Zu Ende sind die Worte Ijobs.*

Zu Ende sind die Worte Ijobs, des gefesselten Menschen. Der vormalige Mensch der bloßen Meinungen und Glaubensvorstellungen, der manchmal sieht, aber nur wie durch ein dunkles Glas, muß nun dem neuen Hiob Platz machen, der in Kapitel Zweiunddreißig spricht, nämlich durch Elias, was *Dein Gott Der Ist* bedeutet.

---

* In der Übersetzung von Martin Luther.

27

Das Buch Hiob

KOMMENTARE ZU KAPITEL ZWEIUNDDREISSIG

---

(1) *Nun hörten jene drei Männer auf, Ijob zu entgegnen, weil er gerecht war in seinen Augen.* (2) *Da entbrannte der Zorn Elihus, des Sohnes Barachels, des Busiters aus dem Geschlecht Ram. Gegen Ijob entbrannte sein Zorn, weil er sich vor Gott für gerecht hielt.* (3) *Auch gegen drei Freunde entbrannte sein Zorn, weil sie keine Antwort mehr fanden, um Ijob schuldig zu sprechen.*

Zu Ende sind die Worte Hiobs. Durch den Bewußtseinszustand, der hier mit dem Namen oder Begriff *Elihu* bezeichnet wird, kommt Hiob zu sich selbst, findet er zu seiner Integrität, zur Ganzheit oder zum Einssein mit Gott, und sein Zorn entbrennt gegen den alten Hiob, der sich gewöhnlich mit der Rechtfertigung und rationalen Erklärung seiner Situation abgab, statt sich der inneren Unendlichen Heilenden Kraft zuzuwenden. Psychologisch gesehen, heißt das: Das Bewußtsein (der argumentierende und sich in Selbstmitleid ergehende Hiob schläft ein, Elias, das Gefühl des Einsseins mit Gott, erwacht. Der Name Elias symbolisiert die Erkenntnis des Menschen, daß sein Höheres Selbst, das ICH BIN,

Gott ist und daß Sie mit der Aussage ICH BIN in Wahrheit die Gegenwart und Macht und Kraft Gottes als Ihre innere Realität verkünden.

(7) *Ich dachte: Mag erst das Alter reden, der Jahre Fülle Weisheit künden.* (8) *Jedoch, es ist der Geist im Menschen, des Allmächtigen Hauch, der ihn verständig macht.* (9) *Die alt an Jahren sind, nicht immer sind sie weise, noch Greise stets des Rechten kundig.*

Wir lernen nicht unbedingt aus Erfahrung, von daher verleiht zunehmendes Alter allein nicht immer Weisheit. Solange Sie es daran fehlen lassen, Gott und Seiner Weisheit Aufmerksamkeit zu schenken, beten Sie verkehrt. »Des Rechten kundig sein«, wie es in Vers Neun heißt, meint Ihre geistige Einschätzung, Ihre Überzeugung, die Blaupause von sich selbst, die Sie ins Bewußtsein übernehmen; und die Eindrücke und Bewußtseinsinhalte, die Ihren Bewußtseinszustand ausmachen, spiegeln sich immer in der Dimension des Raums. Wenn Sie nicht wissen, daß Ihr Bewußtsein der verursachende Faktor ist hinter allem, was Sie erfahren und erleben, dann sind Sie nicht weise, ob Sie nun neunzig oder neun Jahre alt sind.

(18) *Denn angefüllt bin ich mit Worten, mich drängt der Geist in meiner Brust.* (19) *Mein Inneres ist wie Wein, der keine Luft hat, wie neue Schläuche muß es bersten.*

Der *Wein*, von dem hier die Rede ist, ist die Weisheit Gottes, die den Intellekt erhellt und Sie dazu bringt, Gott in Ihrem tiefsten Innern zu loben und zu preisen. Dieser *Wein* ist Ihr neues Verständnis vom Leben, das

Sie begeistert, belebt, Gott-trunken macht. Sie sprudeln über vor Freude und Enthusiasmus, sind von einer göttlichen Erregung ergriffen, einer Art mystischer staunender Ehrfurcht – was für ein Wunder!

Im Elias-Bewußtseinszustand haben Sie Umgang allein mit Gott und Seiner Allmacht; von daher ist Elias am Bersten wie neue Schläuche und läßt Liebe und Freiheit ihren Lauf.

(21) *Ich ergreife für niemand Partei und sage keinem Schmeichelworte.*

Oft unterläßt man es, in medialen Trancezuständen mit der wahren Quelle Der Weisheit in Berührung zu kommen und läßt sich von Schmeicheleien und Tricks beeindrucken. ICH BIN oder Gott sagt niemandem Schmeichelworte.

28

Das Buch Hiob

KOMMENTARE ZU KAPITEL DREIUNDDREISSIG

---

(1) *Du aber, Ijob, hör doch auf meine Rede, all meinen Worten leih dein Ohr!* (2) *Siehe, ich habe meinen Mund geöffnet, schon spricht am Gaumen meine Zunge.* (3) *Gerade sind die Worte meines Herzens, lautere Weisheit reden meine Lippen.* (4) *Gottes Geist hat mich erschaffen, der Atem des Allmächtigen mir das Leben gegeben.*

Die Stimme Gottes (Elias) spricht nun aus dem Innern, und Hiob fühlt allmählich sowohl geistig wie emotional Gottes Gegenwart – Harmonie, Gesundheit, Friede und Freude in seinem Herzen. Hiobs Leben (Bewußtsein) äußert sich nun in klarem Wissen und ist wahrhaft durchdrungen von Gottes Geist, der Inspiration und Einsicht schenkt. Er braucht nun nicht mehr den langweiligen und bombastischen Tiraden seiner ehemaligen Tröster (falsche Überzeugungen und Meinungen) zuzuhören, weil er zur Wahrheit des Seins erwacht ist. Auch Ihre *Worte sind zu Ende*, wie bei Hiob, wenn Sie aus Ihrem Bewußtsein die Überzeugung, den Glauben ganz und gar verbannen, daß Sie ein Opfer von Strafe, Rache oder Karma sind.

Bringen Sie in sich die drei Tröster Credo, Dogma und Tradition zum Schweigen, verweigern Sie diesen veralteten Vorstellungen die Stimme, denn sie sind Lügentüncher. Lassen Sie in sich allein Gott sprechen, folgen Sie den Anweisungen des Heiligen Einen, nehmen Sie sie jetzt an, und ergeben Sie sich in Gottes Weisheit, indem Sie fühlen, wissen und bekräftigen, daß Sie ein Untergebener Gottes sind, der Seine Anweisungen ausführt, nämlich Schönheit, Ordnung, Liebe, Harmonie und Inspiration in Ihr Leben und in das jeder Person, der Sie begegnen, zu bringen. Bleiben Sie Ihrer Aufgabe treu, und Seine Leuchte wird über Ihrem Haupt erstrahlen. In Seinem Licht gehen Sie durch alles Dunkel und werden schließlich zum Licht, der Liebe und Freiheit Des Geistes, zur herrlichen Freiheit des Sohnes Gottes gelangen.

(14) *Denn einmal redet Gott und zweimal, man achtet nicht darauf.* (15) *Im Traum, im Nachtgesicht, wenn tiefer Schlaf auf die Menschheit fällt, im Schlummer auf dem Lager,* (16) *da öffnet er der Menschen Ohr und schreckt sie auf durch Warnung,* (17) *um von seinem Tun den Menschen abzubringen, den Hochmut aus dem Manne auszutreiben,* (18) *seine Seele vor dem Grab zu retten, sein Leben davor, in den Todesschacht hinabzusteigen.*

Vers Vierzehn soll Sie daran erinnern, daß Gott Seine Wahrheiten allen Menschen immer und überall übermittelt. Der Strom des Unendlichen Geistes, voll von Unerschöpflicher Weisheit und Grenzenlosem Licht, fließt in diesem Moment durch Sie und alle Menschen, wo immer sie auch sein mögen. Vielleicht sind Sie zu beschäftigt, um zuzuhören, aber wenn Sie das Rad Ihrer Gedanken anhalten und still werden, dann hören Sie, was Gott zu sagen hat. Hören Sie mit dem Gebrabbel und Gegrummel auf und bekräftigen Sie: Gott weiß die Antwort! Sie lauschen, und im Schweigen spricht Er. Wie können Sie hören, wenn Sie sich weigern, zuzuhören?

In Vers Fünfzehn und Sechzehn erinnert Sie Hiob daran, daß Sie die Antwort für Ihre Probleme in einem Traum, einer nächtlichen Vision erhalten können. Ich selbst habe viele Antworten auf mein Gebet im Traum bekommen. Sie nehmen jede Nacht vor dem Einschlafen Ihren letzten wachen Gedanken mit in die Tiefe, wo er sich in das Unbewußte einprägt; mit anderen Worten, die Stimmung, in der Sie einschlafen, bestimmt Ihre Erfahrungen von morgen und der folgenden Tage, es sei denn, Sie verändern Ihr Bewußtsein durch Gebet und Meditation. Was immer Sie Ihrem Unbewußten einprägen, wird als Erfahrung und Ereignis Ausdruck finden. Schlafen Sie ein im Gefühl, daß Ihr Gebet beantwortet ist. Schlaf bringt Rat.

Der Engländer Bigelow hat viel über die Geheimnisse des Schlafs geforscht, und er legte dar, daß im Schlafzustand nichts wirklich schläft. Herz, Lunge und alle lebenswichtigen Organe funktionieren weiter und so auch alle Sinnesorgane.

In Psalm Vier heißt es: *In Frieden leg ich mich nieder und schlafe ein; denn du allein, Herr, läßt mich sorglos ruhen.*

Bigelow berichtet in seinem Buch *Mystery of Sleep* den

Fall von Professor Agassiz, der im Schlaf eine bemerkenswerte Antwort auf ein verzwicktes Problem erhielt.

»Zwei Wochen lang hatte er sich schon bemüht, den etwas undeutlichen und unvollständigen Abdruck eines Fisches in einer Steinplatte zu enträtseln. Müde und ratlos legte er die Platte schließlich beiseite und versuchte, nicht mehr daran zu denken. Bald darauf wachte er eines Nachts auf, überzeugt, im Schlaf seinen Fisch samt der fehlenden Teile gesehen zu haben. Als er aber versuchte, dieses Bild festzuhalten, verflüchtigte es sich. Trotzdem begab er sich früh am Morgen in sein Institut, da er meinte, ein weiterer Blick auf die Versteinerung könnte ihn vielleicht wieder an seine Vision erinnern – vergebens, nichts tat sich. In der nächsten Nacht sah er den Fisch wieder, doch das Resultat fiel ähnlich unbefriedigend aus: Wie zuvor verflüchtigte sich das Bild beim Aufwachen. In der Hoffnung auf eine Wiederholung des Geschehens legte er sich in der nächsten Nacht Papier und Bleistift neben dem Bett zurecht.

Und tatsächlich erschien gegen Morgen der Fisch in seinem Traum, erst undeutlich, dann aber so klar, daß er mit Gewißheit seine spezifischen Merkmale erkennen konnte. Noch im Halbschlaf und völlig im Dunkeln fertigte er eine Skizze an. Am Morgen stellte er zu seiner Überraschung fest, daß sie Züge aufwies, die er im Zusammenhang mit dieser Versteinerung für unmöglich gehalten hatte. Er eilte in sein Institut, und anhand der Zeichnung kratzte er die Oberfläche der Steinplatte frei, worunter, wie sich zeigte, Teile des Fisches verborgen lagen. Als die Versteinerung ganz frei lag, entsprach sie seinem Traum und seiner Zeichnung, und die Bestimmung war nun leicht.«

Ich will Ihnen an einem Beispiel erläutern, wie die Weisheit Ihres Unbewußten Sie unterweisen und leiten kann, wenn Sie vor dem Einschlafen darum bitten. Vor vielen Jahren wurde mir ein sehr lukrativer Posten in Asien angeboten, und eines Nachts betete ich vor dem Einschlafen wie folgt: »Vater, der Du alles weißt, zeige mir die richtige Entscheidung. Ich danke Dir für Deine Führung.«

Ich wiederholte dieses ganz einfache Gebet immer wieder wie einen Schlafgesang und es kamen mir im Traum lebendige Dinge, die dann zwei oder drei Jahre später wirklich eintraten. Ein alter Freund von mir erschien in diesem Traum und sagte: »Lies diese Schlagzeilen – geh nicht!« Die Schlagzeilen sprachen von Krieg. Gelegentlich träume ich etwas, das ganz buchstäblich zu nehmen ist. Darüber hinaus projiziert das menschliche Unbewußte immer eine Person, auf die Sie sofort hören, weil Sie sie lieben und ihr vertrauen. Manche erhalten vielleicht eine Warnung durch die Gestalt ihrer Mutter. Vielleicht sagt sie Ihnen, daß Sie da oder dort nicht hingehen sollen, und erklärt auch, warum. Ihr Inneres oder Unbewußtes ist allwissend. Es wird zu Ihnen nur in einer Stimme sprechen, die Ihr Bewußtsein sofort als wahr akzeptiert. Niemand wird in einem solchen Fall auftauchen, dem Sie mißtrauen oder den Sie nicht mögen. Es kann vorkommen, daß Sie die

Stimme Ihrer Mutter oder einer geliebten Person ganz plötzlich mitten auf der Straße anhalten läßt, und Sie dann feststellen, daß Ihnen, wenn Sie nur einen Schritt weitergegangen wären, ein Gegenstand auf den Kopf gefallen wäre. Hier handelt es sich nicht wirklich um die Stimme Ihrer Mutter oder Ihres Lehrers oder einer geliebten Person, es ist ganz einfach die Stimme Ihres Unbewußten, die so spricht, daß Sie sofort gehorchen. Um der Sache auf den Grund zu gehen, fragte ich meinen Freund, und er versicherte mir, daß er von dieser Warnung, die er mir hatte »zukommen« lassen, absolut nichts wußte.

Nein, es ist immer das eigene Innere des Menschen, das sich in Träumen und Visionen Ausdruck verschafft. Wenn sich der Mensch suggeriert, daß er die visionierte Symbolik erinnern und sie verstehen und deuten wird, dann kann er auch lernen, seine Träume zu verändern; denn indem er sein Bewußtsein verändert, verändert er den Traum, und wie er träumt, so wird er werden.

Joseph wurde in einem Traum gewarnt. Zu Salomo sprach Gott in einem Traum und bot ihm an, zwischen Geschenken zu wählen. Salomo wählte die Weisheit, und Gott fügte ein langes Leben und Reichtum hinzu. Ist der Mensch im Besitz der Weisheit, von der die Bibel spricht, dann wird sich seine innere Rechtschaffenheit im Äußeren zeigen, und er braucht zu seiner Führung und Leitung keine von Menschen erschaffenen Verhaltensregeln, denn er wird von der weisen Macht in seinem Innern geleitet werden. Wenn das, was Sie jetzt wollen,

Ihnen und anderen Segen bringt, dann ist es wahrhaft Göttlicher Wille. *Ich bin gekommen, damit sie das Leben haben und es in Fülle haben.*

Erkennen Sie im Gebet das große Einssein, und fühlen Sie die Antwort auf Ihr Gebet. Das Höchste Wesen in Ihnen sieht den Anfang und auch das Ende. Es zeigt sie Ihnen in einem Gefühl, in einem Traum, in einer Vision oder durch eine Stimme. Hören Sie Ihm zu. Es wird zu Ihnen sprechen. Gehorchen Sie, denn es ist Die Weisheit, die zu Ihnen spricht. *Im Traum, im Nachtgesicht, wenn tiefer Schlaf auf die Menschen fällt, im Schlummer auf dem Lager, da öffnet er der Menschen Ohr. Der Herr gibt es den Seinen im Schlaf.*

Ich persönlich habe auf diesen Traum hin die Reise sofort abgesagt, die Tickets zurückgegeben und nach keinen rationalen Gründen dafür gesucht. Ich handelte wie unter einem inneren Zwang. Ein nachfolgendes Ereignis, die Tragödie von Pearl Harbour, bestätigte die Weisheit der Inneren Stimme. *Befiehl dem Herrn deine Wege und hoffe auf ihn: er wird's wohl machen.*

Sie retten Ihre Seele vor dem Grab des Leids, der Frustrationen, Neurosen und aller möglicher geistigen Verirrungen, wenn Sie sich regelmäßig und systematisch von den Ärgernissen und Kämpfen des Alltags zurückziehen, sich Gott zuwenden und Seine Stärke, Sein Licht, Seine Lieben und Seinen Frieden suchen. Sie retten sich vor den Ängsten und Spannungen der Welt, wenn Sie sich an den Göttlichen Geist wenden und darum bitten, auf allen Ihren Wegen geführt und geleitet zu werden. Sie verbringen ein Drittel Ihres Lebens im Schlafzustand, damit Sie von Gott unterwiesen und geführt werden und an Seiner Weisheit und Herrlichkeit teilhaben können.

Schlaf ist eine göttliche Verfügung, der Sie nicht entgehen können. Viele Antworten werden Ihnen im Schlaf gegeben. Dabei sollen Sie nicht nur Ihren Körper ausruhen, sondern auch Ihr Bewußtsein von den Sorgen, Ärgernissen und Kämpfen des Tages lösen. Sie sollen Trost, Heilung und Erhellung in der Einheit mit Gott suchen, wenn Sie jede Nacht in das Allerheiligste eintreten. Jede Nacht Ihres Lebens begeben Sie sich im Schlaf vor den König der Könige und den Herrn aller Herren – Gott, den Allmächtigen Lebendigen Geist in Ihnen.

Seien Sie geistig und emotional für Gott bereit. Schlafen Sie mit dem Lied Gottes in Ihrem Herzen ein, mit Liebe und gutem Willen für jedes lebende Wesen auf Erden. Begeben Sie sich in Seine Gegenwart, geschmückt mit den Kleidern der Liebe, des Friedens, des Lobes und des Dankes. Treten Sie makellos vor Gott, der Die Absolute Liebe ist – Die Reine Lautere Gegenwärtige Kraft. Hüllen Sie sich in den Mantel der Liebe und schlafen Sie mit dem Lob Gottes auf den Lippen ein.

Denken Sie daran, daß es viele Ebenen des Schlafes gibt, daß Sie, wann immer Sie beten, schlafen, was die Welt angeht, und ganz Gott zugewandt sind. Wenn Sie Ihre fünf Sinne von Ihrem Problem oder Ihrer Schwierigkeit abziehen und Ihre gesamte Aufmerksamkeit auf die Lösung oder Antwort richten, im Wissen, daß die innere Weisheit Gottes eine Ihnen unbekannte Lösung bereithält, dann praktizieren Sie die Kunst des Schlafs im biblischen Sinn. Sie sind für die Falschheit und den hypnotischen Einfluß der Welt »entschlafen«, wenn Sie als wahr akzeptieren, was Ihr Verstand und Ihre Sinne leugnen. Wenn Sie von einer Person hören, die einen Nervenzusammenbruch hatte, dann hat dieser Mensch sich von Gott entfernt und sich geistig und emotional mit den falschen Göttern der Furcht, der Sorge, des bösen Willens, des Grolls, der Gewissensbisse und der Verwirrung eingelassen.

Ziehen Sie sich regelmäßig und systematisch in Ihr Göttliches Innerstes zurück und denken, fühlen und handeln Sie vom Standpunkt Gottes aus, und nicht nach einer aufgesetzten Struktur der Angst, Unwissenheit und des Aberglaubens. Alles in der Natur schläft – Blumen, Bäume, Hunde, Katzen, Insekten usw. Schlaf ist der Natur sanfte Pflegerin; er glättet das verworrene Gewebe von Kummer und Sorgen. Heilung erfolgt viel rascher im Schlaf. Der rationale Verstand hört auf zu diskutieren, sich zu sorgen und aufzuregen; er ist zeitweise außer Kraft gesetzt, und die Heilende Kraft arbeitet unbehindert und ohne irgendwelche negativen intellektuellen Muster. Denken Sie daran, daß die Zukunft schon in Ihrem Geist existiert, es sei denn, Sie ändern sie durch das Gebet; die Tatsache, daß ich lange vor Beginn des Zweiten Weltkriegs im Traum auf die Schlagzeilen in den New Yorker Zeitungen hingewiesen wurde, ist nicht weiter merkwürdig. Im Geist hatte der Krieg schon stattgefunden, und alle Angriffspläne waren bereits in diesem riesigen Aufnahmegerät, dem kollektiven Unbewußten der Menschheit, gespeichert. Die morgigen Ereignisse und die der nächsten Woche oder des nächsten Jahres existieren in der höheren Dimension Ihres Geistes, und sie können von einer medial begabten Person wahrgenommen werden.

Diese vorausgesehenen Dinge aber brauchen nicht zu geschehen, wenn Sie beschließen zu beten; nichts ist vorherbestimmt, im voraus festgesetzt. Ihr Bewußtsein bestimmt Ihr Schicksal, und Ihr Bewußtsein besteht aus der Gesamtsumme dessen, was Sie bewußt und unbewußt glauben. Sie können von daher durch wissenschaftliches Gebet Ihre eigene Zukunft formen, gestalten und lenken, da Sie beschlossen haben, Gottes Weisheit Ihren Herrn und Meister sein zu lassen, und Seine Weisheit führt zu annehmlichen Wegen und Pfaden des Friedens. Ihre Gestimmtheit beim Einschlafen heute nacht bestimmt Ihr Morgen. Lesen Sie vor dem Einschlafen einen Psalm. Meditieren Sie über diese Verse: *Gesegnet sei der Herr, O meine Seele und alles, was in mir ist. Gesegnet sei Sein Heiliger Name.* Sie werden dem, was Ihrer Stimmung vor dem Einschlafen entspricht, im Leben begegnen.

Emmet Fox, Autor von *Sermon on the Mount* und anderer bekannter Bücher, erzählte mir, daß ihm im Schlaf viele seiner besten Antworten auf Probleme in Form von Sprichwörtern kamen. Er meinte, daß er diese Antworten wohl deshalb im Schlaf erhielt, weil er häufig mit anderen Dingen zu beschäftigt war und im Alltag zu viel zu tun hatte.

Fühlen Sie heute abend vor dem Einschlafen, daß Ihr Gebet beantwortet ist, und bedanken Sie sich für die Freude des beantworteten Gebets, denn nur Gott kennt die Antwort. Der Herr gibt es den Seinen im Schlaf!

(23) *Wenn dann ein Engel ihm zur Seite steht, ein Mittler, einer von den Tausenden, dem Menschen zu verkünden, was recht ist,* (24) *wenn dieser sich erbarmt und spricht: Erlös ihn, daß er nicht ins Grab absteige, Lösegeld hab' ich für ihn gefunden!*

Der *Mittler*, der mit dem *Lösegeld* kommt, ist Ihr eigenes Gewahrwerden des innewohnenden Gottes. Die Kraft des Gegenwärtigen Gottes ist in den Tiefen Ihres Unbewußten angesiedelt, und wenn Sie bewußt Kontakt mit dem Unendlichen Licht und der Grenzenlosen Liebe aufnehmen, dann werden Sie das heilen, was krank ist, und Schwäche und Angst und Mangel aus Ihrem Leben verbannen. Sie werden nicht mehr sündigen oder Ihr angestrebtes Ziel verfehlen, denn Sie haben entdeckt, daß dieses Gott-Selbst in Ihnen nicht krank, frustriert oder unglücklich sein kann. Sie sind schon gerettet. Sie brauchen nur durch Meditation an der Himmlischen Kraft und Gegenwart teilzuhaben, und Sie werden feststellen, daß die Felder zur Ernte reif sind.

Ihr Gewahrwerden von Glaube an Vertrauen in Ihr eigenes ICH BIN wird Sie von Angst, Zweifel, Sorge, Krankheit und allen Problemen erlösen. Das *Lösegeld*, der Preis für Freiheit, Glück und inneren Frieden, ist Akzeptanz oder Glaube. Um zu bekommen, müssen Sie etwas aufgeben. Geben heißt empfangen. Sie müssen den falschen Glauben an personifizierte Erretter aufgeben und Ihr Höheres Selbst als Ihren Erlöser und Befreier willkommen heißen.

29

Das Buch Hiob

KOMMENTARE ZU KAPITEL VIERUNDDREISSIG

(29) *Hält er still, wer spricht ihn schuldig? Verbirgt er sein Gesicht, wer nimmt ihn wahr? Über Volk und Menschen aber wacht er . . .*

Kein Mensch kann Ihnen ohne Ihre innere Einwilligung Schwierigkeiten machen oder Sie behindern. Alle Wasser des Ozeans können ein Schiff nicht zum Sinken bringen, es sei denn, das Wasser kann eindringen. Und so können auch Sie nicht durch eine Person, durch Umstände oder Ereignisse beeinträchtigt werden, wenn Sie nicht innerlich daran beteiligt sind und sich dazu entscheiden, wütend oder haßerfüllt zu sein. Sie haben die Wahl, sich mit dem Gott des Friedens zu identifizieren, sich von seinem Strom des Friedens durchfließen zu lassen, sich mit Ihrem Ziel zu identifizieren, das Gott ist und seine Unendliche Güte; Sie können sich weigern, sich mit Trübsinn, Besorgnis, Selbstmitleid und Selbstkritik zu identifizieren.

30
Das Buch Hiob

KOMMENTARE ZU KAPITEL SECHSUNDDREISSIG

(3) *Ich rufe mein Wissen weit hinaus, meinem Schöpfer verschaff' ich Recht.*

Sie sind sich der außerordentlichen Kräfte und Mächte des Anderen Selbst in Ihnen bewußt. An der Duke University und an vielen anderen Parapsychologischen Instituten der ganzen Welt werden auf unterschiedliche Weise immer wieder die Kräfte der Außersinnlichen Wahrnehmung demonstriert, die Fähigkeit Ihres Unbewußten oder Inneren Bewußtseins, über die Grenzen von Raum und Zeit hinauszugehen, entfernte Ereignisse wahrzunehmen, Antworten auf jedwelches Problem zu geben, aus tiefer Weisheit zu schöpfen und Ihnen zu jeder Zeit und überall alles zu enthüllen, was Sie wissen müssen.

(27) *Denn er zieht die Wassertropfen herauf, als Regen ergießen sie sich aus der Flut.* (28) *Durch ihn rieseln die Wolken, träufeln nieder auf die vielen Menschen.* (29) *Wer gar versteht der Wolke Schweben, den Donnerhall aus seinem Zelt?* (30) *Sieh, darüber breitet er sein Licht und deckt des Meeres Wurzeln zu.* (31) *Denn damit richtet er die Völker, gibt Speise*

in reicher Fülle. (32) *Mit leuchtenden Blitzen füllt er beide Hände, bietet sie auf gegen den, der angreift.* (33) *Ihn kündigt an sein Donnerhall, wenn er im Zorn gegen den Frevel eifert.*

Viele Menschen finden diese Verse sehr schwer zu interpretieren, es ist aber außerordentlich einfach, wenn man über ihre Bedeutung meditiert. Jede Stelle in der Bibel läßt sich am besten lesen, wenn Sie sich fragen: »Was meinte ich, als ich, wie der Autor von Hiob, diese Verse vor Tausenden von Jahren schrieb?« Dabei stimmen Sie sich ein auf das empfängliche Wesen des Einen Geistes, der alle Bücher schrieb, und da er seiner Natur Führung gibt, werden Sie entsprechend geleitet werden. Der Schlüssel zur Deutung dieser Passagen ist das Gemüt, die Gefühlslage, die psychische »Flut«, aus der sich der Regen oder die Manifestation Ihres Ideals ergießt, worauf in Vers Siebenundzwanzig hingewiesen wird.

Vers Achtundzwanzig. Entsprechend des durch Ihre Gemütslage erzeugten Wolkentyps *rieseln die Wolken, träufeln nieder auf die vielen Menschen*, was meint, alle konkreten Manifestationen werden durch die im Bewußtsein des Menschen (Himmel) gestaltete Natur der Wolken (geistig-seelische Atmosphäre) bestimmt.

Vers Neunundzwanzig. Der *Donnerhall aus seinem Zelt* soll Sie daran erinnern, daß Sie das Zelt des Lebendigen Gottes sind und der Donnerhall der Klang des beantworteten Gebets ist oder Ihre tiefe Überzeugung, die wie Donnerhall ankündigt, was da kommt, nämlich die äußere Manifestation dessen, was Sie Ihrem Unbewußten eingepflanzt haben.

Die große Aufgabe eines Wahrheitssuchenden besteht darin, physische Dinge in ihre spirituelle und psychische Bedeutung zu übersetzen. Im Prinzip ist der Mensch ein Mikrokosmos einer Sphäre, in der sich sogar »meteorologische Entsprechungen« in den Himmeln (Geist, Bewußtsein, Emotionen) finden lassen. Das Schweben der Wolken ist eine Anspielung auf mystische Erfahrungen, wenn man in die Nähe Des Heiligen gerät.

Verse Dreißig und Einunddreißig. Unendliches Licht und Grenzenlose Liebe decken *des Meeres Wurzeln zu* (wohnen Ihrem Unbewußten inne). Die in Vers Einunddreißig erwähnten *Völker* symbolisieren die bejahenden Gefühle, Einstellungen, Entscheidungen und Ideale. Ihr »Richten« meint die Entscheidung oder Schlußfolgerung, zu der Sie bewußt mit Ihrem Verstand gelangt sind. Sie hören den Donnerhall und dann sehen Sie den Regen. Lauschen Sie auf die guten Nachrichten in Ihrem Innern, bis Sie die Antwort erhalten, die Sie befriedigt; diese Wolke oder dieses Gefühl bedeckt oder verhüllt noch die Gestalt, in der die Erfüllung geschieht oder sich ausdrückt. Sie wissen nicht, wie, wann, wo oder wodurch Ihr Gebet beantwortet werden wird. Das ist das Geheimnis Ihres Tieferen oder Höheren Bewußtseins oder Geistes. Er hat Mittel und Wege, die Sie nicht kennen, aber Sie wissen, daß es regnen wird, weil Ihr Bewußtsein gesättigt ist und Sie vom Gefühl erfüllt sind zu sein, was Sie zu sein ersehnen.

Vers Zweiunddreißig erinnert Sie daran, daß Ihr Höheres Selbst das, womit Sie Ihr Bewußtsein erfüllen –

was wunderbar, edel und nach dem Bilde Gottes ist –, zum Ausdruck bringen wird; die Segnungen des Himmels werden auf Sie herabregnen. Die beiden Donnergötter sind in Ihnen, Jakobus (rechte Einsicht) und Johannes (Liebe). Wenn Sie in Ihrem Bewußtsein zum endgültigen Schluß oder zur Entscheidung gelangt sind, daß Ihr Wunsch oder Ihr Verlangen gut und im Sinne Gottes ist und daß Er Sie unterstützen wird, dann sind Sie Hiob, dann lieben Sie Ihr Ideal, und alle Macht Gottes fließt in diesen Brennpunkt Ihrer Aufmerksamkeit, und Sie erfahren die Freude des beantworteten Gebets.

Vers Dreiunddreißig. *Ihn kündigt an sein Donnerhall.* Die innere Überzeugung manifestiert sich im Konkreten, herbeigeführt nach dem Donnerhall der Emotionen in den Himmeln (Bewußtsein).

31

Das Buch Hiob

KOMMENTARE ZU KAPITEL SIEBENUNDDREISSIG

(1) *Darum erbebt mein Herz sehr heftig, pocht erregt an seiner Stelle.* (2) *Hört, hört das Toben der Stimme Gottes, welch ein Grollen seinem Mund entfährt.* (5) *Gott dröhnt mit seiner Stimme, wunderbar, er schafft große Dinge, wir verstehen sie nicht ...*

Als eine Folge von Elias' tiefer Weisheit vollzieht sich im Bewußtsein eine vollständige Veränderung; das *Herz* (subjektives Bewußtsein) *pocht erregt an seiner Stelle*, wenn der rationale Verstand losläßt und der subjektiven Weisheit zu handeln erlaubt. Die Stimme Gottes ist das Gefühl inneren Friedens, das in Ihnen aufkommt.

(7) *Er versiegelt die Hand aller Menschen, so daß alle Welt sein Tun erkennt.* (8) *Die Tiere verkriechen sich in ihr Versteck, sie lagern in ihren Höhlen.*

Wenn Sie im Wissen, daß Gottes Weisheit Ihr Problem lösen wird, einschlafen, dann »verkriechen sich die Tiere in ihr Versteck«, was besagt, daß alle Ihre Sorgen und Kümmernisse durch die Weisheit und Kraft Ihres Unbewußten überwunden und sich friedlich auflösen werden. Bevor *die Tiere* (Sorgen und Probleme) verschwinden, müssen Sie aber lernen, loszulassen und Gott handeln zu lassen. Sie dürfen sich nicht an Ihre negativen Erfahrungen klammern, so wie der Nachtfalter immer wieder zur Flamme drängt, die ihn verbrennt, wenn er nicht (durch Das Gesetz) in eine andere Richtung gelenkt wird.

(9) *Vom Mittag her kommt Wetter und von Mitternacht Kälte.**

Mittag oder der Süden symbolisiert Ihr emotionales Wesen, aus dem die *Wetter* (negative Erfahrungen) entstehen; von *Mitternacht* oder Norden (Höhere Weisheit) kommt Kälte, die Ihre Probleme lösen wird. Ihr letzter Gedanke vor dem Einschlafen wird Ihrem Unbewußten eingeprägt, und Ihre Höhere Weisheit wird Ihnen oft gegen Morgen eine Antwort zeigen, vorausgesetzt, Sie schlafen im Wissen ein, daß Gott die Antwort weiß. Wenn Sie am Morgen voller Zuversicht aufwachen, dann ist das ein gutes Zeichen dafür, daß Das Gesetz an Ihren Bedürfnissen arbeitet.

(22) *Vom Norden her naht ein Lichtglanz, um Gott her ist schreckliche Herrlichkeit.*

Der nahende *Lichtglanz* bedeutet, daß aus Weisheit (Norden) Harmonie kommt. Wenn Ihr rationaler Verstand aufhört, sich aufzuregen und zu sorgen, und wenn Sie Ihren Wunsch der Inneren Weisheit Gottes anheimgeben, dann werden die Sterne der Wahrheit, die in Ihrem Unbewußten wohnen, aufleuchten, und am Mor-

---

* In der Übersetzung von Martin Luther.

gen wird Ihnen eine Antwort zuteil werden. Sie werden innerlich überzeugt und gegenüber äußerem Schein gleichgültig sein; Sie wissen in Ihrem Herzen; Beten heißt, als wahr zu akzeptieren, was Ihr rationaler Verstand und die Sinne leugnen.

32

Das Buch Hiob

KOMMENTARE ZU KAPITEL ACHTUNDDREISSIG

(1) *Da antwortete der Herr dem Ijob aus dem Wettersturm und sprach:* (2) *Wer ist es, der den Ratschluß verdunkelt mit Gerede ohne Einsicht?* (3) *Auf, gürte deine Lenden wie ein Mann: Ich will dich fragen, du belehre mich!* (4) *Wo warst du, als ich die Erde gegründet? Sag es denn, wenn du Bescheid weißt.* (5) *Wer setzte ihre Maße? Du weißt es ja. Wer hat die Meßschnur über ihr gespannt?* (6) *Wohin sind ihre Pfeiler eingesenkt? Oder wer hat ihren Eckstein gelegt,* (7) *als alle Morgensterne jauchzten, als jubelten alle Gottessöhne?*

Dies sind keine Fragen Gottes an Hiob, sondern vielmehr Fragen, die dem Menschen von seinem Höheren Selbst gestellt werden. Sie haben vergessen, wer Sie sind, und Sie versuchen, sich zu erinnern. Sie haben Ihren göttlichen Ursprung vergessen und die Vorstellungen der Menschen als Wahrheit akzeptiert; folglich sündigen oder irren Sie, weil Sie nicht wissen, daß Ihr eigenes ICH-BIN-SEIN Gott ist, den Sie suchen. So weilen Sie im Land der vielen Götter und glauben an viele Mächte. Sie befanden sich im Zustand der Vollkommenheit, bevor Sie geboren wurden, und als Sie geboren wurden, war es Gott, der in Gestalt eines Kindes erschien.

Wir alle werden in das kollektive Bewußtsein der Menschheit und in das, was unsere Umwelt ausmacht, hineingeboren. Die Erbsünde hat nichts mit dem physischen Geschlechtsakt zu tun; vielmehr bedeutet sie, daß der Mensch an die weltliche Weisheit, an die Meinungen der Menschen glaubt und seinen Intellekt in destruktiver Weise gebraucht. Der Mensch, der die Wahrheit liebt und die Gegenwärtigkeit Gottes lebt, ist wie ein magnetisches Stück Eisen. Der Mensch, der, was Gott angeht, schläft, ist wie ein Stück Eisen, in dem der Magnetismus zwar vorhanden ist, aber latent bleibt. Wenn Sie sich in die Betrachtung der Gegenwart Gottes versenken, dann ordnen sich die elektronischen und atomaren Körperstrukturen um und entwickeln eine entsprechende Schwingung. Ihr wahres inneres Selbst erschuf die Welt und alle Dinge in ihr und bewahrt vollkommene Erinnerung daran. Wenn Sie zu Ihrer Göttlichkeit erwachen, dann wird Ihnen klar werden, daß die ganze Welt in Ihnen ist.

Planeten sind Gedanken, Sonnen und Monde sind Gedanken, und Ihr eigenes Bewußtsein ist die Realisation, die Bestätigung, der Erhalt all dessen. Vorübergehend bewegen sich die Träume des Träumers im Raum, und Sonne, Mond und Sterne sind Gedanken des Denkers. Und staunend werden Sie gewahr, daß Er meditiert und wir Seine Meditationen sind.

(32) *Führst du heraus des Tierkreises Sterne zur richtigen*

Zeit, lenkst du die Löwin samt ihren Jungen? (33) *Kennst du die Gesetze des Himmels, legst du auf die Erde seine Urkunde nieder?*

Der *Tierkreis* bedeutet Ihre zwölf Geisteskräfte oder Fähigkeiten. Wenn Sie diese »Jünger« oder Geistesgaben aufrufen und sie durch Gebet, Meditation und Kontemplation vervollkommnen, dann können Sie alle Fragen dieses wunderbaren achtunddreißigsten Kapitels beantworten und so Ihre zwölf nachfolgend beschriebenen Fähigkeiten entwickeln und die Sterne des Tierkreises herausbringen:

Ruben oder *Andreas* bedeutet die Sonne oder Gott schauen, also spirituelle Wahrnehmung, und sie ist die erste Fähigkeit des Menschen. Spirituelles Sehen meint Einsicht, Erleuchtung, Verstehen. Hier ist nicht dreidimensionales Sehen gemeint, sondern das »Sehen der Wahrheit« äußerer Fakten. Die spirituelle Person sieht das überall wirkende Gesetz von Ursache und Wirkung und weiß, daß hinter aller Manifestation und allem Geschehen ein inneres, ein Bewußtseinsmuster steht. Sie weiß, daß die Verwirklichung ihres Verlangens die Wahrheit ist, von der sie befreit wird.

Wir blicken hinauf in die Atmosphäre und sehen nichts. Doch sie brodelt vor Leben. Wir schauen auf zum Himmel und sehen Sterne, doch wenn wir durch ein Fernrohr gucken, zeigen sich uns zahllose weitere Sterne, die wir mit bloßem Auge nicht erkennen können. Hat nun das Fernrohr oder das bloße Auge recht? Viele sind der Meinung, die Sonne geht im Osten auf und im

Westen unter, aber die, die spirituell sehen oder verstehen, wissen, daß dies nicht wahr ist.

Ist jemand in Ihrer Familie krank? Wie sehen Sie diese Person? Sehen Sie sie leidend, dann üben Sie sich nicht in der Fähigkeit des Andreas. Ihre spirituelle Wahrnehmung oder Erkenntnis muß eine Vision vom Zustand vollkommener Gesundheit oder vollkommenen Glücks sein.

Widersetzen Sie sich oder kämpfen Sie gegen häusliche oder berufliche Bedingungen? Wenn das so ist, dann nehmen Sie nicht Andreas in die Pflicht. Wenn Sie sich innerlich von den Problemen lösen und auf Ihr Wohl konzentrieren, dann sind Sie auf dem Wege, seine Kräfte zu nutzen.

Petrus ist die zweite geistige Disziplin oder Fähigkeit. Er symbolisiert den Fels der Wahrheit – das unwandelbare Überzeugtsein vom Guten. *Petrus* läßt den Menschen erkennen: *Du bist Christus, der Sohn des lebendigen Gottes.* Johannes 6,69. Er enthüllt, daß das eigene ICH-BIN-SEIN des Menschen Gott ist, der Erretter. Petrus ist gläubig und getreu bis zum Ende. Gläubig und getreu bei jedem Schritt auf seinem Weg, im Wissen, daß Die Allmacht zu seinem Wohle wirkt ... *Es gibt niemand, der seiner Hand wehren und zu ihm sagen dürfte: Was tust du da?* Daniel 4,32.

Sagen Sie im Innern zu Ihrem Ideal oder Wunsch »Ich bin zu alt. Ich habe nicht genug Geld. Ich kenne nicht die richtigen Leute«? Sagen Sie zum Beispiel, daß Sie wegen der äußeren Umstände – Inflation, gegenwärtige Regierung, bestimmte Ereignisse oder allgemeine Situation – Ihr Ziel unmöglich verwirklichen können? In diesem Fall nehmen Sie nicht Petrus in die Pflicht, sondern Sie berauben sich selbst der Freude, Ihr Ideal verwirklicht zu sehen. Die Fähigkeit des getreuen Glaubens (Petrus) kennt keine Hindernisse und erkennt keinen anderen Meister oder Herrn an außer dem eigenen ICH-BIN-SEIN. Beten Sie ein bißchen und geben Sie dann auf und sagen »Ich hab's versucht, aber es funktioniert nicht«? Wenn Sie das tun, dann müssen Sie jetzt anfangen, die Fähigkeit des Petrus zu entwickeln, und Sie werden das innigste Verlangen Ihres Herzens verwirklichen.

Jakobus ist der gerechte Richter. *Ich bekleidete mich mit Gerechtigkeit, wie Mantel und Kopfbund umhüllte mich mein Recht.* Hiob 29,14. Das meint, daß wir, wenn wir uns in der Fähigkeit des Jakobus üben, uns für Ganzheit und Vollkommenheit entscheiden. Unsere Gerechtigkeit (Überzeugung) sind Mantel (Wahrheit) und Kopfbund (Schönheit und Vollkommenheit). Verurteilen oder kritisieren Sie und beschäftigen Sie sich mit den Fehlern anderer Menschen? In diesem Fall üben Sie sich nicht in der Fähigkeit des Jakobus, sondern unterstützen vielmehr diese negativen Eigenschaften in sich selbst. Wir werden das, was wir verdammen. Sehen Sie sich einmal genau um, und Sie werden eine Menge Beispiele dafür finden.

Sind Sie unfähig, unangenehme Dinge über andere zu hören? Hören Sie und nehmen Sie nur das Gute in bezug auf andere zur Kenntnis? Der Wahrheitssucher, der mit der Fähigkeit des Jakobus arbeitet, klatscht nie, macht keine Vorwürfe und findet an anderen Menschen keine Fehler; er hört den Klatsch anderer, schweigt und setzt sich darüber hinweg. *Plant in eurem Herzen nichts Böses gegen euren Nächsten.* Sacharja 8,17. Laßt uns diese Fähigkeit üben!

Johannes symbolisiert die Liebe. Liebe ist Der Wirkende Geist Gottes; Liebe ist auch eine emotionale Bindung. Sie ist das Eins-Sein mit Ihrem Ideal. *Wir wissen, daß Gott bei denen, die ihn lieben, alles zum Guten führt.* Römer 8,28. Lieben Sie Gott, jetzt? In allen heiligen Schriften wird Gott und Das Gute gleichgesetzt, synonym gebraucht. Wenn wir Merkmale und Eigenschaften wie Ehrlichkeit, Integrität, erfolgreich sein, Friedfertigkeit, Geduld, Nachsicht und Gerechtigkeit lieben und wenn wir Die Wahrheit um Der Wahrheit lieben, dann lieben wir Gott oder Das Gute.

Haben Sie Angst vor der Zukunft? Machen Sie sich Sorgen um Ihre Familie, Freunde oder Arbeit? Mit einem Wort, sind Sie unglücklich? Wenn das so ist, dann können Sie sicher sein, Gott oder Das Gute nicht zu lieben. Sie lieben Beschränkungen. Haben Sie Angst zu versagen? Wenn das der Fall ist, dann werden Sie es schaffen zu versagen.

Hegen Sie Groll gegen irgendein Lebewesen? Dann nutzen Sie nicht die Kraft und Fähigkeit des Johannes. Sie müssen dem anderen vergeben, sonst ist keine Liebe in Ihrem Herzen. Lieben Sie den anderen, indem Sie sich voller Freude vorstellen, daß diese Person, die Ihnen, wie Sie sagen, Unrecht getan hat, glücklich lebt. Bekräftigen Sie, daß Das Gesetz Gottes zum Guten dieses Menschen wirkt, durch ihn und um ihn herum, und daß er in Körper und Geist von Friede erfüllt ist. Können Sie nun voller Freude gute Neuigkeiten über Ihren ehemaligen Feind hören? Wenn nicht, dann beherrschen Sie diese Fähigkeit nicht. Wenn Sie Ihr Ideal nicht realisieren, dann nutzen Sie nicht die Kraft des Johannes.

Philippus bedeutet, spirituell gesehen, Pferdefreund. Ein Pferdetrainer ist bestimmt, aber freundlich; er schlägt die Pferde nicht, läßt sie aber wissen, daß er ihr Herr ist. Ein Trainer ist ausdauernd und beharrlich; er verfügt über jene Fähigkeit, die so vielen von uns abgeht, nämlich bei einer Sache zu bleiben. Philippus ist somit unsere geistige Fähigkeit, unsere Macht und Kraft in Liebe anzuwenden und so jede Situation zu bewältigen.

Beim Rodeo können Sie beispielsweise völlig ungezähmte Pferde beobachten, auf denen sich die meisten nur wenige Sekunden halten können. Und so ergeht es vielen Menschen mit vielen Dingen. Sie begeistern sich für eine neue Idee, haben ein wunderbares Gefühl dabei. Aber dann läßt Sie vielleicht jemand oder etwas schwankend werden, und schon »fallen Sie vom Pferd« (Stimmung, Gefühl).

Hier ein Beispiel: Während des Krieges hatte ein Mädchen eine Reise nach Florida vor, wo sie einige Verwandte in der Nähe von Miami besuchen wollte.

Dann hörte sie von einigen anderen Mädchen, wie schrecklich alles dort sei – das Essen schlecht, keine Möglichkeit zum Schwimmen, unverschämt hohe Preise usw. – und sie sagte die Reise ab. Später wurde ihr klar, daß sie einen großen Fehler gemacht hatte. Da sie sich eine wunderbare Reise vorgestellt und schon in freudiger Erwartung gelebt hatte – *wie innen, so außen* –, wartete auf sie auch eine wunderbare Reise. Sie ließ es zu, daß die negativen Suggestionen anderer sie von dem schönen Pferd, das sie ritt, abwarfen.

Laßt uns das Pferd reiten, das heißt, jenes gute Gestimmtsein aufrechterhalten, und wir werden in uns Jerusalem (die Stadt des Friedens) erreichen. Bleiben Sie gläubig und getreu auf jedem Schritt Ihres Weges bis zum Ende. Sie sind Herr! Ihnen wurde Herrschaft gegeben. Können Sie jetzt zum Sinneswandel gebracht werden oder schwankend werden? Können negative Suggestionen, Spott oder Kritik von anderen Sie vom Pferd abwerfen? Wenn das so ist, dann nutzen Sie nicht die Fähigkeit des Philippus.

Läßt Sie der Tod eines geliebten Menschen verzweifeln, oder freuen Sie sich auf dessen neuen Geburts-Tag? Wenn Sie entmutigt und deprimiert sind, dann setzen Sie nicht die Kraft des Philippus ein.

Bartholomäus meint Sohn des Gefurchten oder des Gepflügten, das heißt der für den Samen Aufnahmebereite. Spirituell gesehen steht er für Imagination. Hier handelt es sich um die Fähigkeit des Menschen, jede seiner Ideen in der räumlichen Dimension konkrete

Form annehmen zu lassen. Die geschulte Imagination (der gepflügte Boden oder der Sohn des Gepflügten) ist fähig, sich nur schöne Zustände oder erfreuliche Stimmungen und Gefühle auszumalen.

Sie nutzen die Fähigkeit des *Bartholomäus*, wenn Sie die Realität des erfüllten Wunsches imaginieren und die Freude des Gebets fühlen, das beantwortet werden wird. Wenn Sie sich von irgendeiner negativen Voraussage in Furcht versetzen lassen und anfangen, sich Böses vorzustellen (und damit heraufzubeschwören), dann haben Sie nicht die Kraft des Bartholomäus herbeigerufen. Stellen Sie sich in bezug auf andere Personen Negatives vor? Stellen Sie sich vor, daß Ihr Sohn seine Prüfung nicht bestehen oder daß anderen Familienmitgliedern ein Unglück widerfahren könnte? Wenn Sie in diesen negativen Mustern denken und fühlen, dann haben Sie diese großartige Fähigkeit des Bartholomäus nicht entwickelt. Wir wollen uns nur das vorstellen, was schön, gut und zuträglich ist. Wir wollen unsere Ideale hoch und heilig halten, und unser Recht umhülle uns wie *Mantel und Kopfbund*.

Thomas bedeutet zusammengefügt oder miteinander verbunden. Im weniger entwickelten »ungeschulten« Zustand steht er für den ambivalenten Menschen, den Zweifler; die entwickelte Fähigkeit hingegen meint das menschliche Verständnisvermögen. *Anfang der Weisheit ist: Erwirb dir Weisheit, erwirb dir Einsicht mit deinem ganzen Vermögen.* Sprichwörter 4,7. Weisheit ist die Kenntnis von Gott, ist zugleich einsichtsvolle und verstehende Lösung unserer täglichen Probleme und spirituelles Wachstum.

Der Mensch, der die Fähigkeit des Thomas schult, weiß, daß sein Bewußtsein oder Gewahrsein der Gott seiner Welt und Sitz aller Ursächlichkeit ist. Von daher weist er alle Gerüchte, Lügen und Einflüsterungen – die dem, was er als wahr erkannt hat, widersprechen und entgegenstehen – zurück.

Teilen auch Sie die weit verbreitete Angst vor Kinderlähmung? Schicken Sie Ihre Kinder weit weg, damit sie einer »Gefahr« entgehen? Wenn das so ist, dann sind Sie voller Furcht, und Sie glauben nicht an Gott oder Das Gute, Sie vertrauen nicht der Allmacht Gottes. Wenn Sie die Fähigkeit des Thomas herbeirufen, dann wissen Sie, daß Gott dort ist, wo Sie sind. Er wandelt und spricht in Ihnen; Sie sind das Gewand, das Gott trägt. Lassen Sie uns alle die Fähigkeit des Thomas entwickeln; dann werden wir mit der Wirklichkeit in Berührung kommen und wissen, daß Gott ist.

Matthäus bedeutet Geschenk Jahwes, Jahwe völlig anheimgegeben sein und meint Ihr Verlangen, Ihren Wunsch. Er ist Ihr innerer kosmischer Impuls, der nach Ausdruck verlangt. Jedes Problem findet seine Lösung im Verlangen. Ist ein Mensch krank, dann will er automatisch gesund sein. Der Wunsch (Matthäus) klopft an die Tür dieses Menschen; das Annehmen des Wunsches ist das beantwortete Gebet.

Sagen Sie »Ich bin zu alt«, »Ich bin nicht klug genug«, »Jetzt ist es zu spät«, »Ich habe keine Chance«? Akzeptieren Sie das Urteil des Arztes oder die Meinung der Allgemeinheit? Oder wenden Sie sich nach innen und sagen: *Meine Seele preist die Größe des Herrn?* Lukas 1,46. Begeben Sie sich in die innere Stille und preisen Sie die Möglichkeit der Verwirklichung? Wenn Sie das tun, dann nutzen Sie die Fähigkeit des Matthäus. Wenn Sie Ihren Wunsch zurückweisen, das Geschenk Jahwes, das Sie und die Welt segnen würde, dann nutzen Sie Matthäus nicht.

Jakobus der Kleine (Markus 15,40) steht für die Fähigkeit zur Ordnung, zum »aufgeräumten« Bewußtsein. Ordnung ist das erste Gesetz des Himmels. Wenn wir im inneren Frieden leben, dann finden wir auch Frieden in unserem Heim, im Beruf und in allen anderen Dingen. Diese geistige Fähigkeit wird auch Scharfblick oder Unterscheidungsvermögen genannt.

Dr. Quimby, der Vater des Neuen Denkens in den USA, hatte diese Fähigkeit außerordentlich weit entwikkelt. Er konnte alle Leiden oder Krankheiten seiner Patienten ursächlich deuten. Er sagte ihnen, welches ihre wahren Schmerzen waren und welche geistigen Muster dahinterstanden. Wir gehen zum Arzt, beschreiben ihm unsere Symptome, wo und wann sie auftreten usw., aber Quimby machte das Gegenteil: *Er* sagte den Patienten das alles; er klinkte sich in ihr Unbewußtes ein und »sah« ihre geistigen Muster. Seine Erklärung war die Heilkur. Quimby hatte die Gabe des Hellsehens. Ist diese Fähigkeit voll ausgebildet, dann sieht man die Göttlichkeit hinter jeder Form, Die Wahrheit hinter jeder Maske. Man schaut die Wirklichkeit und sieht in ihr überall die Gegenwart Gottes.

Machen Sie die Regierung, äußere Umstände, die Familie, den Arbeitgeber usw. für Probleme oder Beschränkungen in Ihrem Leben verantwortlich? Können Sie das, was Sie sehen, richtig deuten oder lassen Sie sich nur vom äußeren Schein leiten?

Lassen Sie uns die Fähigkeit von Jakobus dem Kleinen nutzen, und unser Urteil soll sein wie die Mittagssonne – die keine Schatten wirft. Somit stehe ich sozusagen auf meinem Schatten und mich kann nichts vom rechten Urteilen abhalten. Kein Schatten soll unseren Weg verdunkeln, die Welt des Wirrwarrs uns fernbleiben. Unser Urteil wird gerecht sein, und das bedeutet Ganzheit, Friede und Vollkommenheit.

Thaddäus steht für von Herzen, herzlich und für Lob. Er steht für die Hochgestimmtheit, den glücklichen, freudigen Zustand. *Und ich, wenn ich über die Erde erhöht bin, werde alle zu mir ziehen.* Johannes 12,32. Dies ist die Geisteshaltung des Menschen, der die Fähigkeit des Thaddäus entwickelt hat. Wir »erhöhen« andere, wenn wir voller Freude wissen, daß diese nun alles besitzen und zum Ausdruck bringen, was wir uns für sie wünschten.

Sie können Loblieder auf Ihre Blumen im Blumentopf singen, und sie werden wunderschön und üppig wachsen. Bitten Sie eine Pflanze, sich Ihnen zuzuneigen, damit Sie sie küssen können – sie wird es tun, so wie ein Hund Ihnen auf den Schoß springt, wenn Sie ihm zu verstehen geben, daß sie ihn streicheln und kraulen wollen.

Kritisieren Sie die Kellnerin, wenn sie Sie im Restaurant lange warten läßt? Sagen Sie, daß man sie entlassen sollte, oder erhöhen Sie sie im Bewußtsein und sehen Sie sie, wie sie sein sollte?

Sehen Sie einen Menschen als Bettler? Wenn das so ist, dann haben Sie ihn in Lumpen gekleidet. Er aber ist ein König, der den Königsweg geht! Wir wollen ihn mit dem Gewand der Errettung und dem Mantel des Rechts bekleiden. Der Bettler wird verwandelt werden; schon morgen wird er nicht mehr an der Straßenecke stehen.

Lobpreis strahlt aus und verleiht den inneren Kräften des Menschen Herrlichkeit und Schönheit. Laßt es uns dem Heiligen Thaddäus gleichtun und mit dem Loblied Gottes auf den Lippen auf Erden wandeln.

Simon von Kanaan. Simon bedeutet hören, horchen. Er steht für einen, der horcht und der Stimme des Einen, Der Ewig ist, ge-horcht. Wenn Sie diese Fähigkeit nutzen, dann suchen und erwarten Sie spirituelle Führung und Erleuchtung direkt aus dem Urquell Gottes. Sie werden still und lauschen auf die innere leise Stimme, die Schwingung oder den Ton, der aufsteigt und sagt: Dies ist der Weg, den du gehen sollst.

Simon von Kanaan kann, zusammengefaßt, als die Empfänglichkeit für die innere Stimme der Weisheit, Wahrheit und Schönheit verstanden werden. Diese Fähigkeit führt Sie ins Land Kanaan – das gelobte Land –, zu Harmonie, Gesundheit und Friede. Sie hören nur

Das Gute über sich und andere; Sie erwarten das Beste. Der Mensch, der diese Geistesfähigkeit ausbildet, lebt in einem Zustand freudiger Erwartung; und unweigerlich kommt ihm das Beste zu. Das Wort Gottes zieht vor einem solchen Menschen her ... *bei Tag in einer Wolkensäule, um ihnen den Weg zu zeigen, bei Nacht in einer Feuersäule, um ihnen zu leuchten. So konnten sie Tag und Nacht unterwegs sein.* Exodus 13,21.

Klatschen Sie über andere, kritisieren Sie sie und gestatten Sie sich böse Widerworte? Solche negativen Eigenschaften halten Sie von der Entwicklung und Nutzung dieser so wichtigen Geistesfähigkeit ab. Hören und empfinden Sie nur das Beste in bezug auf andere? Wenn Sie können, dann wenden Sie sich nicht ab von diesem Weg; werden Sie nicht schwach; die Wahrheit wird Sie ins Land der Fülle (Kanaan) führen, wo die Milch des ewigen Lebens und der Honig der lauteren Weisheit fließen.

Judas steht für Beschränkung, das Gefühl von Bedürftigkeit und Verlangen oder unerlöste Lebenskräfte. Wir alle kommen mit Judas zur Welt, sind uns der Beschränkungen, der Grenzen von Zeit, von Raum und anderem bewußt. *Im Garten Gottes, in Eden, bist du gewesen. Allerlei kostbare Steine umgaben dich.* Ezechiel 28,13. Ja, wir befanden uns in einem Zustand vollständiger Wunschlosigkeit. Nun werden wir in eine dreidimensionale Welt geboren, und wir haben Wünsche. Unser Versäumnis, unser Verlangen zu stillen, unsere innigsten Hoffnungen und Ideale zu verwirklichen, ist der Grund für unsere Frustration und unseren Zwist. Mangel an Einsicht und Verstehen hat die Menschen zu Gelüsten und Haß gebracht, dazu, nach Eigentum und Land anderer Menschen und Völker zu gieren. So heißt es auch, daß Judas die Kasse hatte (Johannes 12,6), was für das Gefühl von Bedürftigkeit und Beschränkung steht. Wenn wir die Fähigkeit des Judas nutzen, so ist das eine unserer größten Gaben, und auch sie führt uns zur Wahrheit, die uns frei werden läßt.

Es heißt, daß Judas Jesus verriet. Wenn ich Sie verraten will, dann muß ich Ihr Geheimnis kennen und das Geheimnis ist Christus oder Weisheit. Verraten bedeutet enthüllen. Judas ist für dieses Drama notwendig; denn durch unsere Probleme entdecken wir Christus in uns – das ICH BIN, unser Bewußt-Sein –, unseren Erretter. Die Freude liegt in der Bewältigung des Problems. Wenn wir unseren Wunsch, unser Verlangen, akzeptieren, was durch Judas (Verlangen), der Jesus küßt (Akt der Liebe), symbolisch ausgedrückt wird, dann stirbt Judas oder begeht Selbstmord, und der Retter (unser beantwortetes Gebet) enthüllt oder manifestiert sich.

Solange Sie ein Verlangen haben, haben Sie es nicht verwirklicht. In dem Augenblick aber, in dem das Verlangen stirbt, weil Sie Das Gute in sich angenommen haben oder davon überzeugt sind, überkommt Sie ein Gefühl des Friedens; Sie sind beruhigt. Wenn ein Mensch alle falschen Überzeugungen, Ängste, Aberglauben, Rassenvorurteile, Glaubenssätze und Gesinnungen aufgegeben hat, wird sich letztlich Christus zeigen, was die individualisierte Gegenwart und Kraft Gottes meint, weil der innerste Wesenskern des Menschen Gott ist.

Judas in Ihnen (das Gefühl von Beschränkung und Zwängen) verwandelt sich und wird erlöst, wenn Sie sich aller Sinnesbeweise (bestimmten Glaubens zu sein, einer bestimmten Rasse, Nationalität, Altersgruppe anzugehören) verschließen (sich davon lösen).

Sie entwickeln Judas, wenn Sie sich, in Reinheit und Lauterkeit der Absicht, der Göttlichen Liebe unterwerfen. Göttliche Liebe löst alle Probleme und transformiert den Menschen der äußeren Sinne zum Menschen in seinem reinen ursprünglichen Zustand.

Haben Sie gegenwärtig irgendwelche religiösen oder politischen Vorurteile? Möchten Sie Ihre Vorurteile nur ungern ablegen? Wenn dies der Fall ist, dann nützen Sie die Fähigkeit des Judas nicht, denn Judas meint Loslösung, inneres Freisein, was ein göttliches »Unparteiischsein« bedeutet.

Liebe ist das, was uns an Das Gute bindet; damit ist gemeint, daß wir unsere Aufmerksamkeit abziehen von dem, was wir nicht wollen, und uns auf Das Gute oder unser Ideal konzentrieren. Liebe heißt, sich mit ganzem Herzen und voller Hingabe Der Wahrheit zuwenden; Sie dürfen keine andere Macht lieben. Sie selbst müssen Judas sterben lassen. Wenn Sie alle falschen Überzeugungen und Glaubensvorstellungen aufgegeben haben, dann sind Sie wieder im Garten Gottes. *Im Garten Gottes, in Eden, bist du gewesen. Allerlei kostbare Steine umgaben dich.*

Ja, Sie sind wahrhaft Christus. *Es gibt nicht mehr Juden und Griechen, nicht Sklaven und Freie, nicht Mann und Frau; denn ihr alle seid »einer« in Christus Jesus.* Galater 3,28. Sie waren eins mit Gott, als *die Erde gegründet* wurde. Und diese Be-Gründung ist Gott. Jeder Mensch ist Gottes eingeborener Sohn, denn jeder Mensch ist aus dem All-Einen geboren. Sie müssen zu Ihrem wahren Wesen erwachen und entdecken, wer Sie sind – Ausdruck oder Söhne Gottes, die auf Erden wandeln.

Sie, der Leser und die Leserin, stehen für Jesus und die zwölf Jünger. So wie sich die Sonne zyklisch durch den Tierkreis bewegt, muß sich, symbolisch gesprochen, Ihre Sonne (der Heilige Geist) durch Ihre zwölf Fähigkeiten oder Geistesgaben bewegen und sie mit dem Licht und Leben Dessen, Der Ist, erwecken und beatmen. Wenn Sie diese Fähigkeiten, wie sie hier im Buch skizziert sind, nutzen, dann strahlen Sie bewußt Gott aus und räumen alle Schranken und Hindernisse zwischen den Menschen zur Seite.

Sie müssen das wahre Bild des idealen Menschen zeichnen, das von Jesus Christus, nicht das schauerliche Bild, das vor zweitausend Jahren von einem Mann des Leidens gemalt wurde, der, mit einer Dornenkrone auf dem Haupt, an einem Kreuz blutete. Laßt uns der Jugend die wahre psychologische Geschichte von Jesus erzählen, dann werden alle Jungen und Mädchen es jenem Sieger gleichtun wollen. Niemand will das Opfer sein. Wir haben nach dem »verlorengegangenen Wort« gesucht, ohne zu wissen und uns klar zu machen, daß es, wenn es entdeckt wird, unsere eigene Krippe ist, umgeben von Tieren und bezeichnet durch einen flammenden Stern oder einen brennenden Busch.

Der flammende Stern ist unser ICH BIN. Sie können ihn finden und hier und jetzt zu Ihrer Göttlichkeit erwachen und zurückkehren zur Herrlichkeit, die die Ihre war, bevor die Welt war. *Ich habe dich auf der Erde verherrlicht und das Werk zu Ende geführt, das du mir aufgezeigt hast. Vater, verherrliche du mich jetzt bei dir mit der Herrlichkeit, die ich bei dir hatte, bevor die Welt war.* Johannes 17,4/5. Vor der Welt war ICH BIN. Vor Abraham war ICH BIN. Wenn alle Dinge aufhören zu sein – ICH BIN.

33

Das Buch Hiob

KOMMENTARE ZU KAPITEL VIERZIG

(3) *Da antwortete Ijob dem Herrn und sprach:* (4) *Siehe ich bin zu gering. Was kann ich dir erwidern? Ich lege meine Hand auf meinen Mund.*

Hiob spürt jetzt in seinem Innern eine Gegenwart, und nun ist er bereit, still zu werden, seine Hand auf seinen Mund zu legen, und auf Die Wirklichkeit zu achten. Wie Emerson in einem seiner Essays sagte: »Religion ist das Gefühl der Verehrung, das die Anwesenheit des universalen Geists stets im Individuum erweckt.«

Der neue Hiob, der erleuchtete Mensch, der zu seinem Innewohnenden Gott (Elias) erwacht ist, tritt nun aus den verschiedenen Bewußtseinsstadien heraus, wie sie sich im Drama von Hiobs Leben entfalteten und darstellten; vom körperlichen Bewußtsein und Anschein der fünf Sinne bis zum nun erneuerten Hiob, der bereit ist, auf die Stimme Der Wirklichkeit zu hören. Hiob sieht jetzt Das Licht und sagt: »Ich, das Unvollkommene (als Hiob), liebe und verehre meine eigene Vollkommenheit.« (Emerson)

(10) *So schmücke dich mit Hoheit und mit Majestät, und kleide dich in Prunk und Pracht!* (14) *Dann werde auch ich dich preisen, weil deine Rechte den Sieg dir verschaffte.*

Dieser Vers legt dar, daß Sie den Anfang machen müssen und Gott antworten wird. Wir nennen das das Gesetz von Aktion und Reaktion. Wenn Sie die notwendigen Voraussetzungen erfüllen oder sich zur richtigen geistigen Empfänglichkeit bringen, dann wird es immer eine Antwort der Gottesgegenwart in Ihren innersten Tiefen geben. Gott bringt, indem er durch Ihr Denken arbeitet, etwas Wunderbares in Ihre Welt, und zwar alles nur *durch* Sie. Gott hat Ihnen schon alles gegeben. Er hat Ihren Körper geschaffen und die Welt, Ihr Herz zum Schlagen gebracht und Ihnen ein Bewußtsein und ein Unbewußtes verliehen. Er kontrolliert automatisch alle Ihre Körperfunktionen; um aber Fortschritte zu machen und spirituell zu wachsen, müssen Sie alle Weiterentwicklung durch Ihr eigenes Denken einleiten.

(15) *Siehe da den Behemoth, den ich neben dir gemacht habe; er frißt Gras wie ein Ochse.**

Einige Leser verlieren sich hier vielleicht in der Deutung von *Behemoth* und würden Ihnen einen Vortrag über die Geschichte des Nilpferds und seine Gewohnheiten halten. Der Behemoth ist ein Symbol für den unerhellten analytischen Verstand, der von einer physischen

* In der Übersetzung von Martin Luther. Nach der Einheitsübersetzung: *Sieh doch das Nilpferd, das ich wie dich erschuf. Gras frißt es wie ein Rind.*

Ursächlichkeit ausgeht. Wir können eine Menge über Krebs, Tuberkulose und spinale Kinderlähmung forschen und sagen, aber solange wir Die Wahrheit nicht kennen, werden wir diesen Krankheiten nichts von ihren Schrecken nehmen. Krankheit existiert nicht unabhängig von Geist und Gemüt. Sie müssen sich die Tatsache bewußt machen, daß der Keim von Krebs Angst ist, die den Geist verstört, und dieser verdichtet sich und nimmt die Form jeder Idee oder jeder Vorstellung an, die ihm eingegeben wird.

(19) *Es ist der Anfang der Wege Gottes; der es gemacht hat, gab ihm sein Schwert.* (20) *Doch die Berge tragen ihm Futter zu, und alle Tiere des Feldes spielen dort.*

Es (analytischer Verstand, Bewußtsein, Wahl) ist der Anfang der Wege Gottes insofern, als das, was Sie glauben, alle Ihre Reaktionen und Umstände beherrscht. Er (Behemoth) nährt sich nur von Meinungen, Vermutungen, Ängsten usw. des Fleisches. Sie müssen sich mit dem Schwert der spirituellen Einsicht und Klarheit des Denkens bewaffnen und alle falschen Argumente und Schlußfolgerungen, die sich auf eine angenommene Gegenkraft gründen, zerstören. Der Glaube an oder die Vorstellung von einer antagonistischen Macht und Kraft ist eine Täuschung und eine Falle.

(23) *Schwillt auch der Fluß, es zittert nicht, bleibt ruhig, wenn auch die Flut ihm ins Maul dringt.* (24) *Kann man an den Augen es fassen, mit Haken ihm die Nase durchbohren?*

So gewaltig ist der Behemoth, das Symbol physischer oder faktischer Ursächlichkeit, daß Sie unerschütterlich im Bewußtsein halten müssen, daß Die Unendliche Macht und Kraft die einzige ist; alles andere ist eine Lüge. Das Böse scheint als Macht zu wirken, aber in Wirklichkeit ist es kein Teil Der Realität. Ihre Glaubensvorstellung ist es, die Sie vor den Illusionen und falschen Überzeugungen der Welt der Allgemeinheit kriechen läßt.

34

Das Buch Hiob

KOMMENTARE ZU KAPITEL EINUNDVIERZIG*

---

(1) *Kannst du den Leviathan ziehen mit dem Hamen und seine Zunge mit einer Schnur fassen?* (2) *Kannst du ihm eine Angel in die Nase legen und mit einem Stachel ihm die Backen durchbohren?* (Dt. Bibel: 40, 25/26)**

Der *Leviathan* ist ein Symbol für den Glauben an das Böse (Dualität, Glaube an zwei Mächte, Gut und Böse). Ohne *Behemoth* (Schlußfolgerungen aus falschen Voraussetzungen) gäbe es Leviathan nicht. Unwissenheit zeugt Übel, denn wenn Sie Gott im Innern nicht kennen, dann müssen Sie denken, daß Er irgend etwas da draußen oder oben im Himmel ist. Gott kennen, das ist

---

* In der deutschen Einheitsübersetzung der Bibel sind die folgenden Verse 1,2,8 im Gegensatz zur englischen Übersetzung, derer sich der Autor bedient, noch Kapitel Vierzig zugeordnet. Die Verse 15–17,22 und 34 gehören dann zu Kapitel Einundvierzig, sind aber anders numeriert.

** In der Übersetzung von Martin Luther. Nach der Einheitsübersetzung: (25) *Kannst du das Krokodil am Angelhaken ziehen, mit der Leine seine Zunge niederdrücken?* (26) *Legst du ein Binsenseil ihm in die Nase, durchbohrst du mit einem Haken seine Backe?*

Ihr ICH-BIN-SEIN, und dieses Bewußtsein und Gewahrsein wird Berge von Irrtümern abtragen.

(8) *Leg nur einmal deine Hand daran! Denk an den Kampf! Du tust es nie mehr.* (Dt. Einheitsübersetzung: 40,32.)

Stemmen Sie sich dem Übel nicht entgegen. Werden Sie nicht böse, denn das macht es nur zählebiger. Überwinden Sie es mit Gutem oder mit der Kontemplation der Kraft und Gegenwart Gottes.

(15) *Reihen von Schilden sind sein Rücken, verschlossen mit Siegel aus Kieselstein.* (16) *Einer reiht sich an den andern, kein Lufthauch dringt zwischen ihnen durch.* (17) *Fest haftet jeder an dem andern, sie sind verklammert, lösen sich nicht.* (Dt. Einheitsübersetzung: 41,7–9.)

Der Glaube an physische Ursächlichkeit ist so fest, für die Sinne auch so plausibel, daß kein Lufthauch (Erhellung) dazwischenkommen kann, solange Sie sich nicht der spirituellen Realitäten bewußt werden. Nur der, der den Behemoth oder Leviathan schuf, kann diesen Glauben töten. Es ist alles eine Sache des Bewußtseins von Gott. Rechtes Denken ist immer ein Wunder – es ist die Macht Gottes im Menschen.

(22) *Stärke wohnt in seinem Nacken, vor ihm her hüpft bange Furcht.* (Dt. Einheitsübersetzung: 41,14.)

Einigen Leuten macht schlechte Gesundheit regelrecht Spaß, und, Gott sei Dank, es geht ihnen dann ja auch immer wieder ein ganz klein wenig besser. Durch gewohnheitsmäßiges Selbstmitleid gelingt es ihnen, einen Märtyrerkomplex aufzubauen.

(34) *Alles Hohe blickt es an; König ist er über alle stolzen Tiere.* (Dt. Einheitsübersetzung: 41,26.)

Er (Leviathan – Sinnesschein, kollektive Überzeugungen, Glaubensvorstellungen usw.) ist König über alle stolzen Tiere (Kriegswaffen, Rüstung, religiöse Verfolgung, Rassenvorurteil usw.). Die Zeugung solch übler Brut wäre nicht möglich, wenn Sie sich die Eine Innere Macht und Kraft vergegenwärtigten und ein tiefes Gefühl von Ihrer Realität hätten.

35

Das Buch Hiob

KOMMENTARE ZU KAPITEL ZWEIUNDVIERZIG

(5) *Vom Hörensagen nur hatte ich von dir vernommen; jetzt aber hat mein Auge dich geschaut.*

Hiob erkennt nun innerlich die Wahrheit über Gott, das Licht des treuen Glaubens an Gott scheint in ihm auf. Seine äußeren Sinne entdecken keinen Grund mehr für Angst, und er fürchtet nicht länger die drohende Stimme der irdischen Welt. Hiob ist überzeugt von der Güte Gottes und von seiner Gegenwart jederzeit in allen Notlagen. Er versteht und sieht mit dem inneren Auge, wie Gott wirkt, und kann nun das stete Vorhandensein Des Guten bestätigen, auch wenn es dem Auge oder dem analytischen Bewußtsein nicht erkennbar ist. Der Göttliche Geist agiert nun als sein Licht, und er wandelt im treuen Glauben an Freiheit, Fülle und innerem Frieden.

(7) *Als der Herr diese Worte zu Ijob gesprochen hatte, sagte der Herr zu Elifas von Teman: Mein Zorn ist entbrannt gegen dich und deine beiden Gefährten, denn ihr habt nicht recht von mir geredet wie mein Knecht Ijob.* (8) *So nehmt nun sieben Jungstiere und sieben Widder, geht hin zu meinem Knecht Ijob,*

und bringt ein Brandopfer für euch dar! Mein Knecht Ijob aber soll für euch Fürbitte einlegen; nur auf ihn nehme ich Rücksicht, daß ich euch nichts Schlimmeres antue. Denn ihr habt nicht recht von mir geredet wie mein Knecht Ijob. (9) *Da gingen Elifas von Teman, Bildad von Schuach und Zofar von Naama hin und taten, was der Herr ihnen gesagt hatte. Und der Herr nahm Rücksicht auf Ijob.*

In diesen Versen wird aus der ganzen Sache die Lehre gezogen und der geistige Konflikt gelöst. Der erhellte Verstand des neuen Menschen ist angewiesen, alle Ideale, wie sie durch die fünf Sinne und die schöpferische Fähigkeit des Bewußtseins und des Unbewußten (Empfangen und Erschaffen) formuliert werden, aufzunehmen und diese sieben Sinne oder schöpferischen Gaben (symbolisiert durch sieben Jungstiere und Widder) auf die richtige Weise zu nutzen: Nämlich in geistiger Übereinstimmung mit der Unendlichen Macht und Grenzenlosen Liebe, wobei alles, was in Körper und Geist dem Bilde Gottes nicht entspricht, ausgelöscht werden muß. Zur spirituellen Weiterentwicklung müssen wir das geistig Niedere für das Höhere aufgeben, was in diesen Versen symbolisch durch das Tieropfer ausgedrückt wird.

Das Opfer, das Sie bringen, besteht darin, daß Sie negatives, destruktives Denken und alle negativen Emotionen aufgeben und in Ihrer Seele (Unbewußtes) Raum schaffen für die höheren Qualitäten Güte, Liebe und Wahrheit. Das Tieropfer bedeutet die Anwendung des großen Gesetzes des Austausches. So geben Sie etwa

Liebe für Haß, bringen Freude, wo Traurigkeit, Licht, wo Dunkelheit herrscht, und vergeben, wo böser Wille ist.

Hiobs Sinne (Elifas), Intellekt (Bildad) und Gefühle (Zofar) orientieren sich spirituell um und werden gesalbt, werden darauf vorbereitet, in das Allerheiligste einzutreten. Alles das bedeutet, daß Sie das Rad Ihrer Gedanken anhalten, sich bewußt werden, daß Der Unendliche in Ihnen denkt und daß Seine Gedanken zu Harmonie, Frieden, Ekstase, Freude und Erleuchtung werden. Im Licht dieses neuen Bewußtseins werden die Philosophie (Elifas) als die Weisheit Gottes, Theologie (Bildad) als die wahre Kenntnis von Gott und Psychologie (Zofar) als die Seele oder der Ort Gottes erkannt.

(10) *Der Herr wendete das Geschick Ijobs, als er für seinen Nächsten Fürbitte einlegte; und der Herr mehrte den Besitz Ijobs auf das Doppelte.*

Ihre Freunde sind Gesundheit, Freude, Glück, Friede und alle Dinge, die zu Ihrer inneren Sicherheit im Leben beitragen. Sie verlassen das Haus der Knechtschaft, der Hörigkeit und des Leids, wenn Sie die Eigenschaften und Merkmale Gottes als die Ihren beanspruchen und wenn Sie geistig alle Segnungen des Himmels annehmen. Was Sie als wahr bekräftigen und einfordern, das wird der Innere Geist ehren und zur äußeren Erfahrung bringen, und Sie werden entdecken, daß es Gott ist, der »Ihren Besitz mehrt auf das Doppelte«. Es gibt viele Menschen, die an Arthritis, Rheuma, Asthma und anderen Krankheiten leiden und die feststellen, daß sie, wenn sie für andere Leidensgenossen beten, selbst auf wunderbare Weise Heilung finden.

Eine gute Methode, sich selbst zu vergessen und die Gedanken von den eigenen Problemen, Schwierigkeiten, Schmerzen und Leiden abzulenken, ist das Beten für andere. Beten Sie ernsthaft und ehrlich, wann immer Sie sich dazu gedrängt fühlen oder so lange, bis sich eine bestimmte Situation bereinigt hat. Sie werden merken, daß dabei Ihre eigene Bürde leichter wird.

Ich habe viele Menschen, die an Depression oder Melancholie litten, gelehrt, für jemand anderes in ihrer Umgebung zu beten, vielleicht eine Person, die einen Herzanfall hatte oder der ein Bankrott droht. Ich habe sie auch dazu ermuntert, einen Freund zu besuchen, der in Schwierigkeiten steckt, und ihn auf nur jede mögliche Weise aufzumuntern, durch Gebet, Gespräch und konstruktive Vorschläge. Beten Sie für Ihre Freunde, und Wunder werden geschehen.

(11) *Da kamen zu ihm alle seine Brüder, alle seine Schwestern und alle seine früheren Bekannten und speisten mit ihm in seinem Haus. Sie bezeigten ihm ihr Mitleid und trösteten ihn wegen all des Unglücks, das der Herr über ihn gebracht hatte. Ein jeder schenkte ihm eine Kesita und einen goldenen Ring.* (12) *Der Herr aber segnete die spätere Lebenszeit Ijobs mehr als seine frühere. Er besaß vierzehntausend Schafe, sechstausend Kamele, tausend Joch Rinder und tausend Esel.* (13) *Auch bekam er sieben Söhne und drei Töchter.* (14) *Die erste nannte er Jemima, die zweite Kezia und die dritte Keren-Happuch.* (15) *Man fand im ganzen Land keine schöneren Frauen als die*

Töchter Ijobs; ihr Vater gab ihnen Erbbesitz unter ihren Brüdern. (16) *Ijob lebte danach noch hundertvierzig Jahre, er sah seine Kinder und Kindeskinder, vier Geschlechter.* (17) *Dann starb Ijob, hochbetagt und satt an Lebenstagen.*

Diese Verse beschreiben das Transfigurationsgeschehen im Leben des Hiob. Seine sieben Söhne (die erneuerten und erweckten Sinne) und die schöpferischen Kräfte seines inneren Bewußtseins, wie Verlangen (Jemima), Entscheidung, Entschluß, Empfängnis (Kezia) und Manifestation (Keren-Happuch), vereinigen sich alle zum mystischen und magischen Stab der wahren Identifikation mit Gottes ewigen Wahrheiten (Umgestaltungsprozeß) und befreien Hiob von allen Beschränkungen. Sie setzen ihn wieder ein in Seines Vaters Haus, in einem höher entwickelten selbst-bewußten Muster von Macht und Kraft, sichtbar nur Auf Dem Berge oder in dem erhöhten Bewußtseinszustand, zu dem man durch die Gemeinschaft mit Gott gelangt.

Mögen die großen Wahrheiten des Buches Hiob, über die nun in diesen vielen Kapiteln gesprochen wurde, wie ein Duftkissen aus Myrrhe, Kassie, Safran und Zimt sein, nahe an Ihrem Herzen sein. Möge es Ihnen so möglich sein, aus der Schatzkammer der Ewigkeit den Wohlgeruch der Göttlichkeit freizugeben, jetzt und in alle Ewigkeit.